安徽省高校优秀青年人才支持计划重点项目：共享逻辑下的中国产业创新机理研究（项目编号：gxyqZD2022056）

安徽省哲学社会科学规划项目：G60科创走廊产业协同创新联盟利益分配机制研究（项目编号：AHSKQ2021D167）

安徽建筑大学引进人才及博士启动基金项目（人文社科类）（项目编号：2021QDR04）

安徽建筑大学科研项目储备库（人文社科类）（项目编号：2021XMK06）

共享逻辑下的
中国产业创新机理研究

GONGXIANG LUOJIXIA DE
ZHONGGUO CHANYE CHUANGXIN JILI YANJIU

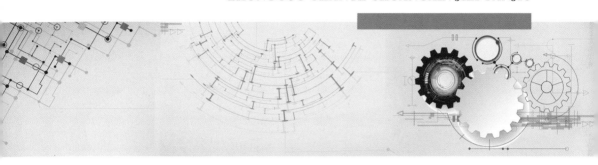

戴克清◎著

中国财经出版传媒集团
经济科学出版社
Economic Science Press

图书在版编目（CIP）数据

共享逻辑下的中国产业创新机理研究／戴克清著
. —北京：经济科学出版社，2022.5
　ISBN 978 - 7 - 5218 - 3668 - 4

　Ⅰ.①共… Ⅱ.①戴… Ⅲ.①产业发展 - 研究 - 中国
Ⅳ.①F124

中国版本图书馆 CIP 数据核字（2022）第 079149 号

责任编辑：杜　鹏　刘　悦
责任校对：王肖楠
责任印制：邱　天

共享逻辑下的中国产业创新机理研究
戴克清　著
经济科学出版社出版、发行　新华书店经销
社址：北京市海淀区阜成路甲 28 号　邮编：100142
编辑部电话：010 - 88191441　发行部电话：010 - 88191522
网址：www. esp. com. cn
电子邮箱：esp_bj@ 163. com
天猫网店：经济科学出版社旗舰店
网址：http: // jjkxcbs. tmall. com
北京时捷印刷有限公司印装
710 × 1000　16 开　12. 25 印张　200000 字
2022 年 7 月第 1 版　2022 年 7 月第 1 次印刷
ISBN 978 - 7 - 5218 - 3668 - 4　定价：68. 00 元
（图书出现印装问题，本社负责调换。电话：010 - 88191510）
（版权所有　侵权必究　打击盗版　举报热线：010 - 88191661
QQ：2242791300　营销中心电话：010 - 88191537
电子邮箱：dbts@ esp. com. cn）

前　言

　　"共享"作为社会化发展产物自古有之。2000 年前后随着互联网信息技术的发展，让"共享"这种古老的行为突破时间、空间和社会关系的壁垒，通过互联网社交媒体衍生出一系列的社会行为，形成了一场社会性的"共享革命"。2010 年前后，随着共享平台的搭建，"共享"再次突破其社会性属性，从无偿分享走向有偿共享，从闲置资源到产品资源，催生了风险投资追捧、市场规模急速扩展的"共享经济"，在中国更是备受推崇。2020 年前后随着一批共享经济企业的倒闭，"共享经济"进入冷静期。理论上"共享经济"的概念由美国得克萨斯州立大学社会学教授马库斯·菲尔逊（Marcus Felson）和伊利诺伊大学社会学教授乔尔·斯佩斯（JoeL Spaeth）最早提出，实践上"共享平台"在美国硅谷实现首批运行。在中国则被认为是新经济、新业态、新模式的典型代表，成为信息化发展与产业创新发展的重要抓手，更是与"五大发展"理念相契合。"共享"从社会化到经济化的发展，究竟是大势所趋还是"昙花一现"？不论是"真共享"还是"伪共享"，共享经济中的何种逻辑可以为中国产业创新发展提供动能？共享逻辑如何与中国社会经济体制相契合？究竟能不能成为具有中国特色管理理论创新发展的抓手？正是对这些问题的思考才有了本书的缘起。

　　"共享经济"最早在论文《社区结构与合作消费：一种常规活动方法》（*Community Structure and Collaborative Consumption：A Routine Activity Approach*）中被提出（Felson & Spaeth，1978）。伴随着世界上第一批共享经济平台的推出，共享经济在 2008~2014 年得到飞速发展，即便是发展时间不长，经济形态不稳定，发展趋势不明晰，依然在国内外受到风险投资者的青睐，市场规模飞速扩张。在国外，2014 年共享经济市场规模达到 150 亿美元，据普华永道预测 2025 年市场规模可达 3 350 亿美元，每年复合增长率高达 36%。在中国 2014 年共享经济萌芽，2015 年市场规模达到 19 560 亿元，2016 年市场交易额增长到 34 520 亿元，2017 年市场交易实现 49 205 亿元，2018 年共享经济市场交易额为 29 420 亿元。2019 年交易额为 32 828 亿元，比 2018 年增长 11.6%，2020 年中国共享经济市场买卖范围约为 33 773 亿元，同比增长约 2.9%，整体增速较 2019 年大幅放缓。至 2021 年中国共享经济市场交易规模约 36 881 亿元，同比增长约 9.2%；直接融资规模约 2 137 亿元，同比增长约 80.3%，预计未来 5 年增速将保持在 10% 以上。① 共享经济在催生了优步（Uber）、爱彼迎（Airbnb）、齐帕（Zipcar）等企业后，被引入国内，鼎盛时期诞生了共享单车、共享雨伞、共享充电宝等新业态。然而，共享经济虽然有着"共享"的外衣，依然在传统经济研究的基本范畴之内，虽然是新兴商业概念和模式，依然没有绕开科斯定理中的产权关系与交易费用。企业从传统商业逻辑转向共享服务逻辑，虽在寻求产业发展的创新，但依然需要考量生产效率能否提高，生产成本能否降低，用户体验能否提升，以及竞争约束能否突破等问题。

国家信息中心连续 7 年公布《中国共享经济发展报告》（2016～2022 年），并在信息化与产业研究中开辟共享经济研究专栏，提出共享经济与制造业、服务业可以关联发展，对于释放新形态就业岗位可以产生巨大潜能，对于提升中小企业转型发展可以提供助力，对于推动乡村振兴实现是重要突破口，对于加速我国产能转化和产业数字化转型具有重要价值，对于重构社会关系具有重要意义，更是实现创新的重要抓手。共享经济在中国发展被赋予的重要意义和价值，与五大发展理念和"共同富裕"发展目标的契合，充分说明其与中国的社会制度底色、国家发展目标相一致，这也让共享经济概念远超出初始的概念范畴，成为一种发展逻辑，是一种可以与各类产业相结合实现创新的逻辑。对于已经步入新常态、人口红利逐渐消失、资源环境约束趋紧以及转型发展需求迫切的中国而言，在产业发展领域共享逻辑的提炼，将对贯彻落实新的发展理念、培育新经济增长点、以创新驱动推进供给侧改革、建设网络强国、构建信息时代国家新优势等产生深远影响。对于中国的转型发展和实现中华民族伟大复兴的中国梦也具有现实价值和特殊意义。

---

① 资料来源：国家信息中心发布的《中国共享经济发展报告》（2016～2022 年）。

共享经济虽然是新技术革命的产物，但是其所包含的"共享"逻辑与五大发展理念中的"共享"相契合，作为新的发展逻辑，表现形态则是新的经济模式、新的资源配置方式、新的社会组织形式，可以消除信息障碍、降低进入门槛、重构信任关系、促进人际交流，推动资源要素流动和供需高效匹配，有助于实现经济与社会、物质与精神、城市与乡村之间、区域与区域之间的协调发展。共享经济的逻辑核心是实现资源利用效率的最大化，适合中国绿色发展的需求，以网络平台为基本介质，以一种开放和共享的姿态推动经济运行，有助于中国创新发展战略的布局。共享经济中"价值共创、利益共享"的逻辑特征，与中国共同富裕的社会发展目标相一致，可以为后发地区、小微组织、低收入群体创造更多参与经济活动和共享发展成果的机会。

显然，共享经济所包含的共享逻辑作为推动供给侧结构性改革的重要抓手，在中国的发展中已经显示出推动制造业转型升级、促进农业现代化、提升服务业发展水平的潜力，并将伴随着中国社会经济运行和创新发展，渐趋中国化，形成更多元、复杂的外在形态与理论内涵。因此，本书将以"共享经济"为切入点，通过对制造业、服务业的论证，充分观察当前共享经济在产业创新中的诸多表现形态，提炼经济运行和发展中的"共享逻辑"。在供给侧，"共享逻辑"具备调动全社会优质资源参与生产过程的潜力，可以加速促进生产制造的网络化、智能化和数字化转型。在需求侧，"共享逻辑"能够将"客户"变为"用户"，激发用户潜能，通过用户参与生产过程，促进企业创新发展，更好地满足用户需求。"共享逻辑"在服务业可以有效盘活闲置资源，提高资源利用效率，带动劳动力创业就业，特别是在贯彻落实创新驱动发展战略，孕育平台型企业，推动"双创""四众"，构建信息时代国家竞争新优势等方面潜能巨大。

笔者曾在 2015 年与耶鲁大学西蒙·阿纳努（Simeon Ananou）博士探讨共享经济，认为共享经济在美国意味着技术、模式，而在中国发展价值远不止于此。由此，形成萦绕于笔者脑海的若干问题，并在随后的 6 年里，从产业创新发展的视角，进行了从"共享经济"到"共享逻辑"的持续探索。时至今日，笔者将其整理成书，一是希望对已有研究进行全面梳理，为其后研究奠定基础、明确方向；二是也试图从三个层面回应读者可能感兴趣的问题。第一个层面是"共享经济模式与中国传统产业创新"；第二个层面是"共享经济在中国产业转型升级中的逻辑特征"；第三个层面是"共享逻辑下中国产业的创新发展路径"。将具体解决以下问题：（1）共享经济的理论基础与中国化形态是什么？（2）共享经济如何推动服务业的创新发展？（3）共享经济在制造业升级中的逻辑特征有哪些？（4）共享逻辑如何提炼及其在中国产业创新发展中的表达形式有哪些？（5）共享逻辑下的中国产业创新发展战略是什么？

本书的主要特色：在理论研究层面，拓展了"共享经济"研究的视域，提出原创构念"共享式服务创新"，形成中国在产业创新研究的逻辑立足点和抓手；在经验研究层面，通过对中国本土案例的分析研究、对比论证，提出原创观点"六差现象"，丰富了符合中国发展情境、发展逻辑的管理经验和方法，为构建具有中国特色的管理理论和实践框架提供实证研究上的积淀。

本书在写作过程中，得到了南京航空航天大学陈万明教授的指导、李小涛博士的帮助，在此深表感谢。同时特别感谢常熟理工学院的蔡瑞林教授、南京晓庄学院的王圣元博士，在全书研究论证过程给予的持续协助。还要感谢安徽建筑大学为笔者科研工作提供了坚实保障，以及经济与管理学院张亚新教授、潘和平教授、彭志胜教授、王素凤教授、任磊等老师在本书出版过程中给予的大力支持。

感谢经济科学出版社杜鹏老师。在本书选题、定稿、编辑过程中，杜鹏老师给予了无私的帮助，使本书能够顺利出版。

由于笔者水平有限，编写时间仓储，书中的不足之处在所难免，恳请广大读者批评指正。

戴克清

2022 年 3 月

目　　录

第1章 绪 论

1.1 研究背景

1.1.1 中国历史文化中的共享逻辑

1.1.1.1 价值诉求

共享逻辑根植于中国传统价值观中对和谐大同社会的价值诉求。在中华民族传统文化的价值理念之中，共享逻辑是中国人民共有的价值取向。任何经济形态和文化表达，都可以在一地的发展历史中溯其渊源。共享经济在中国的爆发式增长，其中蕴含的共享逻辑，可以从中国历史的发展中寻其根脉。伴随中国历史千百年发展而来，人人皆知的"均""公""大同""小康""共同富裕"，一直是中国人追寻的目标。以"公"为主导的社会组织形式，帮助中国人民实现"均"的价值诉求。"公有""公平""公正"都是"均衡""均等""均平"的发展前提。

1.1.1.2 人本精神

共享逻辑根植于中国历史发展中对人本精神的认知。中国从古代到近代，在各个阶层理念中都有"共享发展"的基本逻辑。中国古代既有的"民本"思想，人民为国家和社会之根本的认知，伴随中国五千年历史文化源远流长。思想家中以孔孟的民本思想为典型代表，"仁者爱人"①"子为政，焉用杀？

① 《孟子·离娄下》第二十八章。

子欲善而民善矣"① "为政以德，譬如北辰，居其所而众星共之" 等②。道家思想中 "道恒无名，朴虽小，天下莫能臣。侯王若能守之，万物将自宾。天地相合，以降甘露。民莫之令而自均"。③ 老子将自然法则之下的自然均匀、万物守恒视为天道，作为其 "无为而治" "天道自均" 等均平共享思想最有力的理论依据。儒家文化中《礼运大同篇》"治国平天下" 的核心理念，历朝农民对于 "等贵贱" "均贫富" "均田免粮" 的诉求，历代帝王不断付诸实践的 "均田制" "均赋税" 等。近代革命斗争史上，康有为的《大同书》、孙中山的 "天下为公"，皆体现了几千年来中国仁人志士对于 "大同" 社会的追求。

1.1.2 中国社会制度中的共享逻辑

1.1.2.1 马克思主义的共享观

共享逻辑贯穿马克思主义的科学社会主义理论。马克思主义的共享观在于人的全面发展、全面解放的公平正义。共享发展是马克思主义应有之义，马克思对未来理想社会的设想——科学社会主义理论就是建立在生产资料公有制为前提的共享发展基础之上。在《共产党宣言》中，马克思恩格斯提出，"代替那存在着阶级对立的资产阶级旧社会的，将是这样一个联合体，在那里，每个人的自由发展是一切人自由发展的条件"。这里有两点非常重要：一是这个新的社会是一个一切人自由发展的社会，这是指所有人发展的社会、共同发展的社会，也就是共享发展；二是每个人的自由发展是一切人自由发展的条件，这里突出强调了作为个体的人自由发展的重要性。没有每一个个体的自由发展，就没有一切人的自由发展。通过每一个个体的共享来保证一切人的共享。但是，马克思恩格斯也清楚地讲到，只有在那存在着阶级和阶级对立的资产阶级旧社会被一个新的 "联合体" 代替以后，即新的社会制度——也就是共产主义产生以后才能实现，这就界定了共享发展的制度

① 《论语·颜渊》。
② 《论语·为政》。
③ 《道德经》第三十二章。

前提。因此，中国共享发展具有特定制度底色，具有特殊的意义和价值。在《哥达纲领批判》中，马克思摒弃了从洛克到康德以来甚被推崇的"权利平等"说，认为从自然权利出发的平等观的内在缺陷在于无视个体差别，将鲜活异质的个体同质化。而共享发展符合马克思所倡导的"一切人的自由发展"这一人类社会发展的理想状态。从长远来看，真正的共享理念是在生产资料公有制前提下，由主体性自由支撑起来的社会共享，也只有如此才能实现个人关系和个人能力的普遍性和全面性，成为处于共同体中个人主体自我实现的途径。马克思关于只有从根本上消灭异化劳动或劳动的异化性质，才能最终实现真正意义上的社会共享。这既是马克思对实现社会共享根本性路径的原则性判断，还是一个发生于社会本体论高度上的判断，也是一个具有历史终极指向性和科学路径唯一性的判断，揭示了问题的根本症结所在，并决定性地呈现出鲜明的理论界限①。

马克思主义的基本观点是分配由生产决定，分配关系取决于生产关系，分配本身就是生产的产物，因此，在讲社会公正的目标时，就不能不讲生产力的发展。这正是共享发展理论价值和现实魅力之所在，是共享发展不同于一切传统意义上的公平正义理论的创新和提升。正是在这种意义上，共享发展是全民共享，即共享发展是人人享有、各得其所，不是少数人共享、一部分人共享；共享是全面共享，即共享发展就要共享国家经济、政治、文化、社会、生态文明各方面建设成果，全面保障人民在各方面的合法权益；共享发展是共建共享，即只有共建才能共享，共建的过程也是共享的过程；共享发展是渐进共享，即共享发展必将有一个从低级到高级、从不均衡到均衡的过程，即使达到很高的水平也会有差别。要通过更有效的制度安排，使全体人民在共建共享发展中有更多获得感，增强发展动力，增进人民团结，朝着共同富裕方向稳步前进。

共享发展不但是社会全面健康和谐发展的手段之一，同时也是共同体所诉求的社会价值要求。共享发展既是在共享的基础上实现和完成发展，也是在发展的条件下实现和满足共享。早在党的十八届五中全会即已经提出"增加公共服务供给，从解决人民最关心、最直接、最现实的利益问题入手，提

---

① 马克思. 资本论（第一卷）［M］. 北京：人民出版社，2004：501.

高公共服务共建能力和共享水平"等一系列现实举措，是对马克思主义理论基本原则的贯彻，符合历史唯物主义的基本方向。但是，对于中国社会当前的发展阶段，与实现真正意义上的社会共享尚有差距，因此，目前社会经济发展中的共享因素构成的共享逻辑，依然需要纳入当前经济理论的范畴进行研究，在终极目标的指向之下，呈现时代性特征。

1.1.2.2 中国特色制度与共享发展愿景

共享逻辑与中国特色社会主义建设中的共享发展有机统一。党的十八大以来，以习近平同志为核心的党中央从国家发展实际出发，提出了创新、协调、绿色、开放、共享的新发展理念。新发展理念的提出，是中国经济发展过程中具有里程碑意义的重大事件，是转变经济发展方式过程中的一次重大飞跃。在新发展理念的五个方面中，共享发展有着独特的含义，不但体现了发展的方法论，而且蕴含着发展的价值观。如果说创新、协调、绿色、开放着重在于发展思路和发展方式上的转变，是从生产力的方面谋划发展，那么，共享发展则是从发展的依靠和发展的目的、从生产关系的方面思考发展，是辩证唯物主义和历史唯物主义在发展问题上的充分运用。在深刻认识和践行新发展理念的过程中，牢固树立共享发展理念，对于建设中国特色社会主义具有十分重要的现实价值和深远的历史意义。

共享发展的现实逻辑：中国特色社会主义实践。通过对共享发展的历史考证和理论溯源，可以看到，共享发展实际上是对社会主义条件下发展自身所逐渐呈现出的客观逻辑的领悟和理解，并运用这一逻辑对如何发展的具体路径、具体方式、具体举措的深入思考。包括共享发展在内的新发展理念所涵盖的经济增长、均衡协调、环境保护、统一市场、公平正义的丰富内容，已经由单纯重视经济总量的增长转变为以人为中心的发展，既不仅考虑数量的增长，也要考虑生活质量的提高、环境的改善以及人们的感受等。既是对马克思在《政治经济学批判》中所提出的难题的钻研，也是通过对社会整体利益的确认，对中国特色社会主义本质的肯定①。发展归根到底是人的发展，包括共享发展在内的新发展理念的提出，真正的目的在于实现全体人民对美

---

① 马克思. 机器。自然力和科学的应用 [M]. 北京：人民出版社，1978：20.

好生活的愿望。

共享发展体现了社会主义的本质要求和鲜明特征，具有十分重要的意义。从改革开放之初邓小平同志提出共同富裕，到党的十八届五中全会提出共享发展的理念，是党在实践中对中国特色社会主义理论认识上的深化。在向全面建成小康社会迈进的背景下，共同富裕事实上是一个共享改革发展成果的问题，是一个社会的公平正义问题，这就是共享发展理念提出的社会经济基础。必须承认，物质资本的积累，对经济增长起到极其重要的作用。没有物质资本的积累，谈不上所谓共享。共享发展不只是分配上的公正，更不是社会属性上的绝对平等，而是在发展中创造共享。因此，共享不仅是成果的共享，也是过程的共享。不是等到发展完成才考虑成果的共享问题，而是一开始就在发展中植入共享的基因，使发展的过程本身成为共享的过程。共享发展的独到之处就在于，把社会公正的基点不只是放在分配上，更重要的是放在提高生产力发展水平上。

无论是共同富裕，还是共享发展，集中到一点，都充分体现了以人民为中心的发展思想，体现了逐步实现共同富裕的目标要求。共同富裕，是马克思主义的一个基本目标，也是自古以来中国人民的一个基本理想。按照马克思、恩格斯的构想，共产主义社会将彻底消除阶级之间、城乡之间、脑力劳动和体力劳动之间的对立和差别，实行各尽所能、按需分配，真正实现社会共享、实现每个人自由而全面的发展[1][2]。但是中国正处于并将长期处于社会主义初级阶段，实现这个目标需要一个漫长的历史过程。习近平总书记指出："人民是创造历史的动力，我们共产党人任何时候都不要忘记这个历史唯物主义最基本的道理。"[3] 只有坚持这一基本原理，才能把握历史前进的基本规律；只有按历史规律办事，才能无往而不胜。改革开放 40 多年的实践证明，只有充分发挥蕴藏在广大人民群众中的积极性和创造性，让人民群众创造财富的激情和智慧得到充分涌流，社会经济发展才有不竭的动力。调动人民的积极性，就必须给人民实实在在的物质利益，让人民真正得到看得见的实惠，

① 马克思. 资本论（第一卷）[M]. 北京：人民出版社，2004：501.
② 马克思. 资本论（第一卷）[M]. 北京：人民出版社，2004：495 - 496.
③ 八、以新发展理念引领发展——关于树立创新、协调、绿色、开放、共享的发展理念 [N]. 人民日报，2016 - 04 - 29（009）.

这也是中国发展的根本经验。我们之所以强调共享发展，就是要顺应人民群众对美好生活的向往，不断实现好、维护好、发展好最广大人民根本利益。通过深化改革、创新驱动，提高经济发展质量和效益，生产出更多更好的物质精神产品，不断满足人民日益增长的物质文化需要。坚持社会主义基本经济制度和分配制度，调整收入分配格局，完善以税收、社会保障、转移支付等为主要手段的再分配调节机制，维护社会公平正义，解决好收入差距问题，使发展成果更多更公平地惠及全体人民。

1.1.3 中国创新发展中的共享逻辑

1.1.3.1 技术创新中的共享逻辑

共享逻辑在中国创新发展中是历史逻辑、理论逻辑与现实需求逻辑的有机统一。技术创新中的共享逻辑，集中体现在产业转型中数字化技术介质的形成，诸如产业发展中的生产平台、消费平台、技术服务网络体系等构建。以制造业企业打造的服务化网络平台（或者称为工业互联平台）为例，内在以区块链技术为依托，外在的载体形态则是共享式的网络平台，极易推进制造服务的共享化创新发展[1]。区块链技术的嵌入有效链接了服务化与共享经济模式之间的技术逻辑关系[2]。区块链可以被定义为一个供用户共享的数据库，当不存在中央数据库或中介的情况下，制造业企业用户以公开或匿名的方式进行有价值的资源、技术信息等交易[3]。通过智能制造和信息平台技术，实现制造业转型升级与共享经济发展在模式上存在创新耦合。从数字化平台技术视角，形成"智能制造→创新平台"的研究内容[4]。从共享模式的视角，

---

① Pazaitis A. Blockchain and value systems in the sharing economy: The illustrative case of backfeed [J]. Technological Forecasting & Social Change, 2016, 125 (7): 105 – 115.
② Sharma P K. & J H. Park, Blockchain based hybrid network architecture for the smart city [J]. Future Generation Computer Systems, 2018, 5 (2): 1 – 6.
③ 王磊，谭清美. 复杂系统网络界壳套设计研究——以"智能生产与服务网络体系"为例 [J]. 软科学, 2018, 32 (4): 135 – 139.
④ 戴克清，陈万明，蔡瑞林. 服务型制造企业共享模式创新实现机理——基于服务主导逻辑的扎根分析 [J]. 工业工程与管理, 2019 (3): 75 – 81.

探索了智能制造企业的共享服务模式创新过程①。从知识共享的视角，证明了智能制造技术研发与知识共享之间的关系②。在产业生产技术层面，基于服务平台构建，与用户互动，为多边市场提供服务③，与共享逻辑形成耦合关系；在产业终端用户层面表现为将用户智慧、知识、创造力、消费意愿和产品需求等，通过互联网平台介质分享给企业，提高产品的使用价值；在企业管理层面上，表现为通过服务协同多方主体共同参与制造，提高资源的利用价值。

1.1.3.2　资源效率中的共享逻辑

中国产业创新发展中对于资源高效利用需要共享逻辑的支撑。优化产业资源配置并实现可持续发展是中国产业创新发展的重要内容。资源储备和社会财富形成的过剩产能亟待消化，经济发展复杂性增加，要求提高资源利用率，满足复杂生产主体和个性化需求主体的资源产品要求。因此，资源效率中的共享逻辑可以通过关键主体参与共享拓展信道，实现资源快速地在供需双方之间实现最优匹配，深度满足用户需求。

理论上符合信息经济学中组织信道拓宽的逻辑，以实现多边资源快速匹配和优化利用。共享模式在产业转型中的应用，通过产业平台的形式，可以有效减少信息的不对称，从而弥补传统经济学理论中资源优化配置主要依赖市场机制调节的现状。理性经济人参与制造生产，协同价值规律，共同调节供给和需求双方的资源分布，实施优胜劣汰，从而实现对生产资源的优化配置（Martin，2016）。共享模式在产业中的应用，极大地拓展了企业决策者的信道容量，形成以接近零边际成本的产业形态，生产成本的竞争效用不断趋于零，但是产品和服务的效用不断攀升。参照肯尼斯·约瑟夫·阿罗（Kenneth J. Arrow）对于信息效用定义：信息效用是在有信息和无信息两种

---

①　陈万明，鲍世赞. 开放式创新视野的智能制造企业知识共享研究［J］. 改革，2018（10）：102 - 110.

②　杨学成，涂科. 出行共享中的用户价值共创机理——基于优步的案例研究［J］. 管理世界，2017（8）：154 - 169.

③　戴克清，陈万明，李小涛. 共享经济研究脉络及其发展趋势［J］. 经济学动态，2017（11）：126 - 140.

情况下拥有一定资产的决策者进行优化决策时，所得到的最大期望效用之差[①]。决策者在没有得到信息时的最大期望效用为：

$$U_E^* = \sum P_i \log P_i + \sum P_i \log x_i$$

其中，P_i 为某事件中任一状态发生的概率；x_i 为任一状态出现时，决策者单位投入所获得的收入。$\sum P_i \log P_i$ 作为对信息的需求价值，假设决策者设立了一个容量为 $H = -P_i \log P_i$ 的信道，用以获得关于某事件的信息。如果决策者借此信道获知任一状态发生的信息，那么决策者就会把所有的资金投入这一状态，从而获得收入 x_i，则决策者获得的效用为 $\log x_i$。这样，在有信道的情况下，决策者的最大期望效用为：

$$U^* = \sum P_i \log x_i$$

所以，决策者在有信息和无信息两种不同情况下的最大期望效用的差值为：

$$U^* - U_E^* = -\sum P_i \log P_i$$

可以认为，$-\sum P_i \log P_i$ 是信息为决策者提供的期望效用增量，而 $\sum P_i \log P_i$ 为决策者对信息商品的期望效用，也可以认为是决策者对信息的需求价值。由此，管理者对于信道的拓展和信息获取的期望，都会引导其积极建立管理信息系统，通过融入信息技术革新生产管理系统，通过用户反馈、用户保障等制度创新用户信息管理制度，搭建企业创新经济管理或战略合作平台等。信道拓展可以有效优化企业对外部资源配置的掌控水平，形成基于用户需求的生产与服务，可以更好地促进企业资源的有效配置，推进企业服务化转型。

同时，符合资源依赖理论的四个核心假设逻辑，通过融合组织的创新举措，实现跨产业的融合创新和转型升级。为了生存，组织需要资源，而组织自己通常不能生产这些资源；组织必须与它所依赖的环境中的资源要素进行互动，这些要素通常包含其他组织；组织生存建立在一个控制它与其他组织关系的能力基础之上。资源依赖理论的核心假设是组织需要通过获取环境中

---

① 肯尼斯·阿罗. 信息经济学 [M]. 北京：北京经济学院出版社，1989.

的资源来维持生存（顾雷雷和欧阳文静，2017）。在企业管理研究中，企业对政府、社会组织等社会环境资源的依赖，直接影响企业的战略管理选择（王建玲等，2019）。邵帅等（2013）从资源产业依赖对于经济增长和 TFP 增长之间的关系，提出制造业发展、对外开放程度和市场化程度是规避"资源诅咒"的关键因素，可视为资源产业依赖与经济发展效率之间的门限效应，而政府干预的强化则增加了资源诅咒发生的风险[①]。企业管理创新及其外部资源供给的状况对于联盟成功非常关键[②]。管理者关系和合作模式均对突变创新和渐进创新有促进作用，但不同类型的管理者关系和合作模式对技术创新的影响存在显著差异[③]。企业通过合作模式的创新应用，实现对有价值资源的整合和利用，可以促进企业的创新与转型[④]。

1.2　研究的目标、问题和意义

1.2.1　研究目标

共享逻辑在中国产业创新中的作用方向，与中国产业数字化转型升级的内在诉求、经济高质量发展外在要求以及共同富裕的宏观发展目标相一致，具有较高的研究价值。

（1）理论方面的目标。希望通过对共享经济背景下，中国产业中制造业和服务业创新发展情况分析，提炼中国产业创新发展中的共享逻辑，丰富"四新经济"研究、丰富服务经济与创新理论、丰富创新生态系统理论。具体包括对产业共享动能要素、约束机理和释放空间的分析；释放产

① 邵帅，范美婷，杨莉莉. 资源产业依赖如何影响经济发展效率？——有条件资源诅咒假说的检验及解释 [J]. 管理世界，2013（2）：32 - 63.

② 邵帅，陈逢文，冯媛. 新创企业社会网络、风险承担与企业绩效——环境不确定性的调节作用 [J]. 研究与发展管理，2019，31（2）：20 - 33.

③ 孙彪. 基于资源依赖观的合作双元能力对联盟创新绩效的影响研究 [J]. 管理评论，2017，29（11）：98 - 105.

④ 杨建君，郭文钰，章良华. 管理者关系、合作模式与技术创新方式的关系研究 [J]. 科学学与科学技术管理，2018，39（3）：122 - 134.

业共享动能的平台价值策略、共享服务创新、主导逻辑转型等低成本创新举措的分析；以及共享逻辑驱动中国产业高质量发展的创新生态系统构建等。

（2）实践方面的目标。共享逻辑在中国创新管理实践中的应用。具体包括探索企业的共享创新举措，在低时间成本、低财务成本、低市场风险等低成本发展模式下破解高成本和高风险因素；共享逻辑调和制造业、服务业等产业创新过程中理念与实践间的价值矛盾；共享逻辑下的创新机理，从内源技术体系、外延生态系统等多维度，为参与主体分类、分型和分级的"产—投"定位提供标准；构建共享逻辑影响下的中国产业高质量发展的创新机制，并从多层面提出政策建议。

1.2.2 研究的问题

共享经济最早是一种新的商业模式，传统意义上的"共享经济"已然中国化，形成了具有中国特色和中国理念的新经济范式。源于共享经济的共享逻辑，在服务业打通信道通路，推进供需资源高效匹配，在产业高质量创新转型升级过程中，所包含的服务化衍生策略，以及价值共创共享理念等，对中国产业创新发展意义重大。共享逻辑对于人口密集、人均资源并不充裕的中国而言，是可以影响产业升级、实现资源可持续发展的重要路径。特别对于部分传统产业"成本高、效率低"的痛点，通过共享逻辑在产业创新中的引导作用，可以有效推进中国产业以新经济和新业态为导向的转型升级。

本书以共享经济研究为切入点，一方面从服务业创新层面厘清共享经济在中国产业创新中的初期孕育和发展；另一方面从制造业的服务化创新角度分析共享经济在中国的演变发展及其在"中国化"过程凝练的可推进产业创新发展的共享逻辑。据此深度剖析共享在中国产业创新中的逻辑特征，发展形式，以及未来战略。

1.2.3 研究意义

理论上可以进一步细化和丰富共享经济、服务创新等理论，有效拓展广义创新研究的内容。在当下信息技术、智能制造、平台化发展的科技背景下，以及新业态、新经济不断涌现，系统理念与共享理念深入人心，创新理论发展已经由开放式、颠覆式演进到共享式的全新阶段。本书通过要素、概念和机制等深层次理论研究，分析"共享元素"纳入中国产业创新系统，可能出现的资源重组、价值链重构、组织架构和管理策略变革等多重现象的成因与发展。由此，既可弥补当前国内学界在服务创新体系研究中的理论缺口，又可回应库西马诺（Cusumano，2018）的反证思路，回归共享经济现象本身，从组织视角切入，打破常规以"个体行为变迁"的认知，确立共享经济逻辑基础的研究思路，或可解决共享经济在多产业领域应用的理论缺失①。特别是在中国特色的发展情境下，从宏观发展环境演进层面，产业创新依托的是互联网、大数据以及平台介质等技术环境；从开放与共享的层面，产业创新已经被置于以系统发展为基础的生态情境下，构建了基于不同价值基础的产业生态演进机制。因此，本书打破传统生态链，构建生态网，从产业创新的主导逻辑变革层面，追求利益相关者的价值"共创"与"共享"，极大地拓展了产业创新理论。

　　实践上本书重点探讨共享经济与服务业、制造业等产业创新之间的耦合逻辑，提炼在中国情境下共享经济与产业创新交互作用下的共享逻辑。通过"共享式服务创新"等逻辑构念的提出，具化产业创新中共享逻辑形态。中国产业创新发展在企业微观层面上，大企业服务化缺乏着力点，总体企业资源丰富，但活力资源有限，创新转型中存在"僵尸化"风险。中小制造业企业适应性不强，资源存量困乏，创新转型缺乏基础，发展动力不足。但是从宏观的国家层面，"应用新经济、新业态、新模式推动产业转型升级"是共性认知。然而在理论层面尚缺乏对新经济、新模式和新业态作用下企业转型升级的系统论证，在实践层面上有实力的大企业在摸着石头过河，不断试错，而小企业则始终对新经济形态带来的创新红利望而却步。因此，将产业创新发展置于共享逻辑的视阈下，有助于构建适宜当下创新环境需要的多产业融合发展的企业发展新环境，为产业升级提供保障。特别是在新经济环境的冲

---

① Cusumano M A. The Sharing Economy Meets Reality [J]. Communications of The ACM, 2018, 61 (1)：26 – 28.

击下，中国产业创新面临的是一场多产业融合的，由小生境利基主体所构成的基底层发起的一场根本性变革①。不仅需要在理论研究上有所突破，形成具有中国特色、符合中国发展实际的管理理论。在实践层面，更需要帮助企业明晰变革中所处的经济环境、科技环境和产业环境等诸多不确定因素，明确如何构建有利于激发传统企业主体转型要求的产业发展环境和政策保障机制。因此，本书以共享经济为新经济、新模式和新业态的代表形态，基于对服务业和制造业两大产业领域的探索性分析，聚焦企业在新模式下的创新、转型和升级活动，通过全面系统的研究为中国产业创新、转型和升级提供理论支持，为中国产业创新环境的规制、产业政策的提出以及创新战略的实施提供依据。

1.3　拟解决的关键问题与研究方法

1.3.1　拟解决的关键问题

本书研究拟解决共享逻辑下中国产业创新机理问题。共享从理念到模式，形成一个集社会化和经济性为一体的复合形态。新经济模式的典型代表——共享经济，是由技术革命引致经济革命形成规则颠覆的典型范式。规则形式的提炼成为共享逻辑下产业创新实现的机理表征。因此，一是可以从微观经济的视角分析共享逻辑中创新系统的建构；二是可以从信息科技、互联网技术和平台介质等技术层面提炼新经济介质基础；三是可以通过模式、介质和形态等多角度，以马克思政治经济学和共享发展观为基础，结合中国制度特征和共同富裕诉求，提炼产业创新逻辑的内容要素和存在机理。

拟解决共享逻辑下产业创新机制问题。共享逻辑对于产业创新的发展意义重大。新经济和新业态具有驱动产业创新发展的巨大能量，例如共享经济、平台经济、数字经济等，通过介质效应，释放服务效能，在服务业、制造业

---

① 戴克清，陈万明，王圣元. 共享经济驱动传统产业创新升级路径研究：多层次视角分析框架 [J]. 科技进步与对策，2018，35（14）：50 - 55.

等不同产业作用显著。本书将通过新经济和新业态中共享逻辑的提炼，分别以服务业和制造业为例，测度创新效率。其中，服务业将以分层次效率测度为基础，基于中国情境，以区域经济、政策环境为背景，以服务业中某一产业领域创新效率测度为切入点，提炼服务业的共享逻辑。制造业将依托对典型案例的分析，探索创新发展模式，提炼制造业创新发展中的共享逻辑。

拟解决共享逻辑下中国产业创新路径问题。在共享逻辑构念的基因、表达与成长等核心要素和重要特征的分析基础上，探索中国产业创新路径。通过对共享逻辑下产业创新能力提升的内部路径，以不同产业的创新过程为例，厘清企业创新能力与企业组织变革需求、绩效水平和外部环境之间的交互作用，突破企业自身创新能力提升"瓶颈"，实现与宏观利好环境同频共振。通过剖析共享逻辑下产业创新能力提升的外部路径，以制造业为例，探索通过跨区域、跨产业协同发展，推动企业高质量发展的整体路径，以及在交互作用下的提升路径。

1.3.2　研究方法

本书拟运用经济学、管理学与生态学等理论与方法，研究共享逻辑的要素、核心特征和运行机理，并以此为背景，厘清中国产业创新的效率、问题和路径。以生态环境、创新管理等研究情境，构建新经济环境下中国产业创新的评价体系，量化评价服务业、制造业在新经济模式影响下的创新效率。通过提炼共享逻辑，并进一步分析中国产业创新发展的"瓶颈"与突破路径，紧密联系当前国家战略中创新和共同富裕的逻辑接口，提出共享逻辑下中国产业创新发展的对策与建议。

（1）理论研究。通过梳理相关的理论基础和研究成果，重点分析国外理论研究成果，以及国内政策文件。完成制度分异下的新经济形态异质性分析。在西方发达国家，新经济理论被广泛应用于摆脱滞胀困境的探索，组织、个体在价值共创与收益共享中对宏微观经济运行产生的矫正效应，即缓解失业、通货膨胀和企业低效率，且已通过员工持股计划、参与制等具体实践形式得以现实验证。

（2）实证分析。测度在新经济模式下服务业创新转型模式及效率，提炼服务业企业创新效率的测量指标，构建测度模型。其中，借助数据包络分析方法（MaxDea）测度在新经济模式下服务业创新效率及年增值。借助系统动力学和结构方程模型（PLS-SEM），从多层次视角剖析影响服务业企业创新生态系统形成的机理。借助多层回归，探索服务业企业创新能力提升的优势与劣势。

（3）案例分析。提炼新经济模式影响下制造业企业创新模式及运行机理。以需求侧、供给侧、技术对接与创新转换，依据多维度效率测度结果，借助多层回归，分类评价在创新模式影响下，企业综合能力提升因素。参照制造业企业创新能力转化的企业绩效增值水平，完成分类研究。借助数理模型，分析企业在新经济下创新效益的提升空间，对标企业绩效，探索制造业企业创新能力的提升路径。

（4）政策分析。基于对不同产业的分析，提炼中国产业创新中共享逻辑的内容要点和作用机理。为产业平台等创新技术，科创共同体等创新形式以及中国产业创新机制的研究形成坚实的理论基础。在共享逻辑作用下，提出推动中国产业创新的政策建议。

1.4　可能的创新、不足与展望

1.4.1　可能的创新

（1）学术思想方面的特色和创新。由于已有研究多将新经济模式的技术和服务属性剥离，本书则着重强调新经济环境中产业属性交叉融合的功能变化，形成技术与服务融合创新等多维度研究思路。本书提出"共享"经济属性，提出利益均衡依然是影响制造产能共享创新系统稳定运行的关键。共享创新中不同规模和形态的制造企业、组织，具有不同的价值诉求，共享创新的逻辑提炼有助于寻求共享运营的均衡策略。"共享"的经济性及中国化特征，对于中国产业创新和"卡脖子"技术攻关意义重大。中国的"共享"是以价值共创为基础，蕴含了共同发展、共同突破、共同创新、共同富裕的制度底色。

（2）学术观点方面的特色和创新。通过提炼产业创新中的共享逻辑，从介质平台、管理创新、价值逻辑等多要素在传统产业转型中的作用机理，梳理在中国特色社会主义制度下，中国产业创新在效用上的"共创—共享"机理。本书提出原创构念"共享式服务创新"，并论证其内涵、要素、特征等机理，提出共享式服务创新可以推动制造业创新转型。提出原创观点企业协同创新中存在的"六差现象"。提出制造业企业可以通过"共享"实现低成本创新和高质量发展，规避技术间断、孤立自新、创新约束等发展陷阱。提出以柔性的知识、技术操纵策略为主导的共享，有利于产业共享运营的长效发展，有利于"共享"共识的培育。

（3）研究方法方面的特色和创新。本书将汲取西方经典译著中精华思想，结合中国意识形态、新经济特征和产业创新现状，通过多案例、交叉分析、大样本以及多模型检验，避免单一理论阐述或数据拟合的研究范式可能带来的偏颇。

1.4.2　不足与展望

本书拟在理论研究层面上，拓展了中国新经济模式研究的视域，为其在产业创新、产业变革和经济发展中提供研究的逻辑立足点和抓手，在经验研究层面，本书通过对中国本土案例的分析研究、对比论证，抽丝剥茧，在提出符合中国发展逻辑的管理经验和方法，推动中国企业管理理论创新和发展，在构建符合中国特色的管理理论逻辑和框架等方面，提供了研究积淀。虽然本书将会在新经济的理论基础与中国化形态、新经济模式如何推动服务业的创新发展、新经济模式在制造业升级中的逻辑特征、共享逻辑在中国产业创新发展中的表达形式，以及共享逻辑下的中国产业创新发展战略等关键问题上有所突破，但依然可能会存在以下不足之处。

一是基于案例的归纳研究，尚没有足够且精准的统计数据，需要进一步的实证检验。本书研究内容是基于对企业创新发展的一手资料的调研，但是研究区比较分散，虽然遍布于全国，在样本类型上有一定优势，但是却没有集聚，不利于对创新溢出效应进行分析。因此，在后续研究中，将选择不同的创新局域，进行密集的样本采集，提升数据的丰度和精度，提炼利益分配方案和协同创新路径，调研在产业创新的共享逻辑下微观经济主体的运行模式和存在问题，以及区域合作网络中价值共创和共享所产生的宏观福利效应和微观经济效益。

二是需要进一步深化理论内涵，特别是在新时代中国特色社会主义经济运行机制中，共享逻辑对于中国产业创新的细化研究意义重大，目前本书在制度、经济与模式上的挖掘深度还有待于进一步加强。未来可能在制度视阈中，进一步探索社会主义公有制下微观企业的创新成果，如何在国家、企业和组织之间共创共享，形成发展合力，解决分配不公、经济发展动力不足和经济滞胀问题，最终实现共同富裕的新型经济运行机制。或在技术视阈中，以数字技术为载体，以科创联盟、工业互联网平台、区块链技术等为核心议题的产业创新发展路径。

以上的不足也是本书研究团队后续将会继续深入探索的内容，团队将会通过未来 5 年时间进行持续的研究，不断丰富、补充、细化和优化现有研究。

第2章　共享经济的相关文献综述

2.1　经济新形态的理论认知

2.1.1　经济新形态的缘起

技术革命引发经济革命，每一次的技术革命都催生新的经济范式、管理模式。技术的变革提升生产能力，改变能源结构，重构经济运行规则，由此形成全社会经济形态的变革。例如已有的三次工业革命：第一次工业革命造就了密集的城市核心区，工厂流水线生产模式取代手工作坊，机器生产替代手工劳动，社会阶层分裂对立；第二次工业革命造就了工业区与房地产的繁荣，重工业占据主导，能源结构从简单的人、畜、风、水和煤，转变为电力与石油，垄断与垄断组织形成改变了世界经济格局；第三次工业革命推动人类向多维空间扩展，生物科技与产业革命颠覆世界，材料科学进步、产业结构重塑、航天技术发展，社会经济进入新的发展时期①。当人工智能、物联网、无人驾驶、3D打印以及量子科技等新技术兴起，人类社会已经面临第四次工业革命。在新一轮的工业革命中，技术由独有向共有转变；经济由服务个体或组织利益为主，向重视服务全球公共利益转变。在创新的主旋律下，新的商业模式颠覆了现有模式。生产、消费、运输和交付体系被重构，空间范围的缩小、时间跨度的凝结，共同构建了一个全新的经济运行生态环境和规则系统。

---

① 杰里米·里夫金. 第三次工业革命［M］. 北京：中信出版社，2012：1–26.

2.1.2 经济新形态类型及特征

新经济以指数级和非线性的发展形态，冲击着人类社会。新兴技术革命携带着巨大的不确定性，诱发经济革命，重塑人类价值认知[①]。决策者在梳理技术革命要素，提出互联网、平台、大数据等共同触发的数字革命，催生了数字经济、平台经济、智能经济、共享经济、体验经济、尾部经济、生态经济、零工经济、空间经济、全时经济等经济新形态[②]。其中，共享经济是本书共享逻辑核心来源，数字经济、平台经济、智能经济、尾部经济和零工经济则是重要的关联形态。本书将会对以上经济新形态进行理论的梳理和论证，特别是对共享经济理论的研究进行全面梳理。

数字经济作为全球的主流经济新形态，在各国经济中是增长速度最快的部分，推动新旧动能转换（李晓华，2019）。以互联网为代表的"新技术群"在加速数据成为生产要素的同时，直接引致经济结果的本质是通过用字节取代实体，通过"去物质化"，重塑要素资源结构，打造全新的数字化体系。基本表现包括：产品形态去物质化，即从产品功能由少到多，产品的物质载体从有到无的变化过程；产品过程去物质化，即从数字化研发→数字化制造→数字化营销→数字化营运的变化过程；产品免费成为常态，即从低位资源→高位资源，实体资源→虚拟资源，有限资源→无限资源的变化过程。

平台经济则是利用数字技术，通过削弱市场信息的不对称性，实现企业与市场的融合发展和加速发展，由此导致资源配置方案、价格创造逻辑的颠覆性变化。经济形态上是以企业组织从层级制结构向扁平化发展，平台成为经济运行的新主体为典型特征。具体表现在弱化市场扭曲、实现供需精准匹配和优化资源配置的精准经济效应；驱动企业成为指数型组织，共享式发展、数字化经营的速度经济效应；从同边网络效应到跨边网络效应，从双边市场到多边市场的立体网络经济效应；以及在复杂的商业生态系统中实现动态互

---

① 克劳斯·施瓦布. 第四次工业革命［M］. 北京：中信出版社，2016：6-15.
② 李海舰，李燕. 对经济新形态的认识：微观经济的视角［J］. 中国工业经济，2020，12（1）：159-177.

补的协同经济效应。

智能经济以人工智能技术为代表的"新技术群"涌现，推动全球从万物互联迈向万物智能，从弱人工智能迈向强人工智能，由此加速数字经济向智能经济演进。智能经济旨在通过"新技术群"赋能，使物像人一样会学习、会思考、会决策、会行动，以此在最大化实现技术对人类体力和脑力替代的基础上，企业由"他组织"模式向"自组织"模式的全方位转变。具体表现形态包括：物理件、信息件和生物件等组成的智能产品；由机器、云和大数据等构成的智能生产体系；以无接触经济为典型代表的智能服务体系；以及内外相通、虚实交融、弹性设计、柔性发展和智能迭代的智能组织系统。

尾部经济以长尾效应为经济表现的核质，强调"个性化""客户力量"和"小利润大市场"。致力于市场细分到极致，通过这些细小市场的累积，带来明显的长尾效应。在需求曲线中，可以表示为除去最高端的头部曲线以外的尾部曲线，是一个未知的、蛰伏的蓝海市场。尾部经济在产品上表现在头尾的产品边界日趋模糊；在成本上表现为基于无线的虚拟空间经营，而推动产品储存成本、展示成本等不断降低，边际成本无限趋近于 0；在顾客上表现为由重资产、高成本运营、歧视化服务，向轻资产、低成本运营、无差别服务的转向；在市场上表现为由一个产业、一个市场向一个产业、多个市场的转型。

零工经济是共享经济在劳动用工制度上的具体表现①。零工经济的发展存在新旧两个阶段。其中，以临时工和合同工为主体的"旧"零工经济模式属于传统经济形态的范畴。而以众包、按需服务工作为主体模式的"新"零工经济则是一种新型的人力资源分配形式，以互联网和信息技术为介质的经济新形态。具体表现包括人力资源利用方式从在职员工到在线员工，从一人一职到一人多职的活性变化；微观经济组织形态则是从组织主体到个体主体，从组织独创到组织个人互动共创的经济形态变化。

---

① 王圣元，陈万明，赵彤. 零工经济——新经济时代的灵活就业生态系统［M］. 南京：东南大学出版社，2018：39－46.

2.2 "共享经济"研究文献的显性分析[*]

2.2.1 研究数量、区域及团队分布

2.2.1.1 研究文献的数量及趋势

依据 253 篇文献的刊发时间分布，发现在 12 年的研究周期里，萌发期（2005 ~ 2012 年）研究文献较少，WOS 仅收录 4 篇相关文献，爆发期（2012 年以后）文献量呈现十分明显的递增趋势，其中，2016 年 WOS 收录 122 篇相关文献。2016 年后学界研究成果进入快速增长期，至 2020 年则达到 640 篇。该结果表明，对于共享经济的研究，并非是 2012 年硅谷的两个共享平台爱彼迎（Airbnb）和优步（Uber）获得巨大成功后才开始。早在共享发挥其经济效应之前，国外学者就已经开始关注并持续研究。统计研究文献中完整年度的文献数量变化曲线如图 2 - 1 所示。

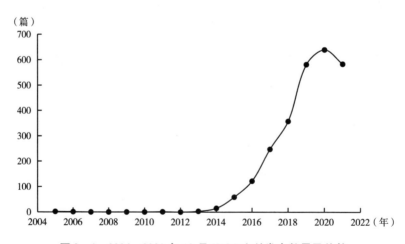

图 2 - 1　2004 ~ 2022 年 12 月 WOS 文献发表数量及趋势

* 戴克清，陈万明，李小涛．共享经济研究脉络及其发展趋势［J］．经济学动态，2017（11）：126 - 140.

　　硅谷案例的成功，促使共享经济成为研究热点，2017 年以前共享经济的相关研究国外增长极快，也成为中国学术界关注的热点，但是在 2017 年以后，特别是 2019 年以后，国内研究渐趋理性。因此，本书将共享经济的研究分为两个阶段：形成期，即 2017 年以前的爆发式增长研究阶段；发展期，即 2017 年以后渐趋理性的研究阶段。其中，形成期研究以国外成果为主导，发展期则是向中国特色共享经济理论研究的发展阶段，本书将以国内研究成果为主导。

2.2.1.2　国外研究地域及机构分布

　　本章主要考虑文献在国家和机构间的分布，明确国际范围内对共享经济（sharing economy）主题进行研究的力量分布情况。基于可视化（citespace）分析，可以得知，产出文献量较多的国家依次是美国、英国、澳大利亚、德国、荷兰、芬兰、中国、加拿大和瑞士。聚类后，根据节点所显示的研究热度和被引频率趋势，可以看出，美国对于"共享经济"的研究热度显示急剧升高的态势，成为研究的热点地区。英国、澳大利亚、芬兰和荷兰四个国家的研究热度也持续上升，其中，英国是"共享经济"研究的主要地区，并与 15 个以上的国家产生引证关系，节点的中心性为 0.44，超过美国的 0.29。美国、英国、澳大利亚、荷兰、芬兰以及德国等十多个国家在研究文献上存在引证关系，在国家层面上显示出较为密切的合作关系。反之，中国的表现较为特殊，从文献数量上看，中国的文献量排在第五，但其文献节点的中心性是 0.00，仅与瑞士有过一次合作。

　　机构合作网络明晰，美国、英国、澳大利亚等国在机构合作上形成典型的网络。其中，主要研究机构按照发文量依次为：美国加州大学伯克利分校（UC at Berkeley）、芬兰阿尔托大学（Aalto University）、瑞典斯德哥尔摩大学（Stockholm University）、美国麻省理工学院（MIT）、德国卡尔斯鲁厄理工学院（Karlsruhe Institute of Technology）、丹麦哥本哈根商学院（Copenhagen Business School）、美国华盛顿州立大学（Washington State University）、美国北卡罗来纳大学（University of North Carolina）、澳大利亚墨尔本大学（University of Melbourne）、英国伯恩茅斯大学（Bournemouth University）、美国波士顿大学（Boston University）、美国波士顿学院（Boston College）、中国北京交通大学（Beijing Jiaotong University）、英国约克大学（York University）。

国外共享经济研究文献的发表机构形成 8 个较为显著的合作网络，规模由大到小依次如下：（1）以美国麻省理工学院为中心，由美国温斯洛普大学（Winthrop University）、美国北卡罗来纳大学、美国波士顿学院、美国波士顿大学和德国亚琛工业大学（RWTH Aachen University）组成的研究合作团队。（2）以美国加州大学伯克利分校为中心，由瑞典斯德哥尔摩大学等形成的研究网络。（3）以芬兰阿尔托大学为中心，由丹麦哥本哈根商学院以及荷兰代尔夫特理工大学（Delft University of Technology）等形成的研究网络。（4）以英国伯恩茅斯大学为中心，由英国卡迪夫大学（Cardiff University）和华盛顿州立大学等形成的研究网络。（5）以德国卡尔斯鲁厄理工学院为中心，奥地利因斯布鲁克大学（University of Innsbruck）和澳大利亚堪培拉大学（University of Canberra）等共同组成的合作网络。（6）以澳大利亚墨尔本大学为中心，美国斯坦福大学（Stanford University）和澳大利亚西悉尼大学（University of Western Sydney）等共同组成的合作网络。（7）以美国宾夕法尼亚大学（University of Pennsylvania）和英国伦敦城市大学（City University of London）等组成的研究网络。（8）以英国诺丁汉特伦特大学（Nottingham Trent University）为中心的较为分散的合作网络。

共享经济研究以美国、英国两国为中心的原因值得探讨。博雅公关、阿斯彭研究所和《时代》杂志联手进行的一次调查给出了答案：1/5 的美国人从事与共享经济相关的工作，所以其在美国国民中的认可度很高，美国成为共享经济商业形态的发源地。英国政府决心"把英国打造成共享经济的全球中心"，并从政策等层面予以支持，鼓励发展共享经济。科学研究对社会需求和政策支持的敏感度很高，美国、英国因而成为研究中心。中国在共享经济的研究上存在口径宽广但深度不够、与研究前沿脱节的现象。有关共享经济（sharing economy）的研究，由国外至中国已逾 10 年，国内从初期权威文献不足百篇、研究的认知模糊，至今文献逾万篇，其中高水平研究文献逾千篇，研究群体从早期仅有北京交通大学，扩展至今的研究规模与实力，在一定层面上反映了中国学者对于共享经济在中国经济发展中意义和价值的认知。

2.2.2　国外研究学科分布多元，刊载期刊分布广泛

刊载"共享经济"相关研究的期刊虽多，但尚未形成明显的主流刊物。除去会议论文外，形成期（2017 年以前）研究中刊发"共享经济"相关研究的学术刊物及发文量如下：《商业研究期刊》（*Journal of Business Research*）刊载 7 篇，《旅游研究纪事》（*Annals of Tourism Research*）刊载 6 篇，《计算机科学》（*Lecture Notes in Computer Science*）和《清洁生产期刊》（*Journal of Cleaner Production*）分别刊载 5 篇，《营销管理期刊》（*Journal of Marketing Management*）和《商业与信息系统工程》（*Business & Information Systems Engineering*）等分别刊载 4 篇。同时，对 253 篇文献的引文来源期刊进行统计分析，得出相应的中心性和引用频次，以此进一步补充说明刊发共享经济主题的期刊情况。依据网络分析理论，点的中心性是对网络节点在整体研究网络中所起到的链接作用大小的测度，中心度大的节点一般更容易成为网络中的关键节点。能够产生关键节点的期刊，一般是在所研究领域提出重大理论和创新文献的载体，期刊的被引频次反映出期刊所属学科领域对于研究热点的关注程度。在 Citespace 中将网络节点设置为共被引期刊（cited journal），可对引文来源期刊的被引频次和中心性进行统计，表 2 – 1 分别列出被引频次最高和中心性最高的 8 种期刊。

表 2 – 1　　　　　　　引文来源期刊的中心性及被引频次

序号	引文来源期刊	中心性	频次	引文来源期刊	中心性	频次
1	*Annals of Tourism Research*	0.32	18	*Journal of Business Research*	0.03	61
2	*Administrative Science Quarterly*	0.32	7	*Journal of Consumer Research*	0.05	56
3	*Ecological Economics*	0.18	19	*Journal Marketing Research*	0.07	40
4	*American Economic Review*	0.18	15	*Harvard Business Review*	0.11	35
5	*The Yale Law Journal*	0.15	16	*Communications of the ACM*	0.00	27
6	*Journal of Consumer Research*	0.12	56	*Annals of the American Academy of Political & Social Science*	0.02	26
7	*Academy of Management Review*	0.10	22	*Journal of Consumer Behavior*	0.05	24
8	*American Behavioral Scientist*	0.10	14	*Journal of Marketing Research*	0.05	24

资料来源：笔者自行整理。

在共享经济研究中，从高中心性的角度来看，中心性超过 0.10 的节点代表具有一定影响力的期刊，依次为：《旅游研究记事》（*Annals of Tourism Research*）、《管理科学季刊》（*Administrative Science Quarterly*）、《生态经济学》（*Ecological Economics*）、《美国经济评论》（*American Economic Review*）、《耶鲁法学期刊》（*Yale Law Journal*）、《消费者研究期刊》（*Journal of Consumer Research*）、《管理科学院评论》（*Academy of Management Review*）以及《美国行为科学家》（*American Behavioral Scientist*）。同时，虽然《商业研究期刊》（*Journal of Business Research*）等高被引期刊的中心性不高，但也是这一研究主题重要文献的载体。

2.3 "共享经济"研究文献的隐性分析*

2.3.1 国外研究重要引文作者的贡献度

以形成期研究为统计期，进行文献共被引及耦合分析。引文分析作为共被引分析的基础，学者在论文中会引证前人的研究成果，并以参考文献的形式列于自己的研究中，被引的文献和所研究的论文在内容上是相关的，因而分析论文之间的共被引关系，可以有效了解知识在不同研究主题间的流动和演进。引证行为的分析可以清晰地反映各学者研究内容之间的内在关系，可以追根溯源并跟踪发展。据此，在 Citespace 中，节点类型选择引文分析（cited reference），以一年为一个时间段，提取每个时间段被引频次最高的 50 篇参考文献，得到由 190 篇参考文献组成的文献共被引网络，如图 2 – 2 所示。

图 2 – 2 中的每个节点代表一篇被引文献，节点标签为被引文献的作者和发表年份，节点大小反映该文献出现频次的高低，节点间连线粗细表示被引文献之间共现频次的多少，带有光圈的节点是具有高中心性的被引文献（陈超美，

---

* 戴克清，陈万明，李小涛. 共享经济研究脉络及其发展趋势［J］. 经济学动态，2017（11）：126 – 140.

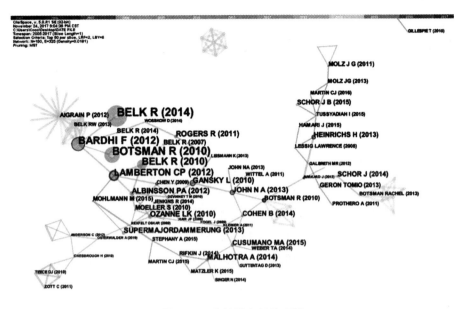

图 2 - 2　高被引文献共现性

2009）。表 2 - 2 从高频次（Frequency ≥ 11）和高中心性（Centrality ≥ 0.1）两个角度，分别将高被引文献进行降序排列，同时标注相对应的第一作者和发表年份，由此分析重要引文作者的贡献度。

表 2 - 2　　　　　　　　　重要引文的第一作者和发表年份

序号	频次	第一作者	发表年份	序号	中心性	第一作者	发表年份
1	49	Belk R.	2014	1	0.19	Botsman R.	2010
2	40	Botsman R.	2010	2	0.15	Markard J.	2012
3	33	Bardhi F.	2012	3	0.14	John N A.	2013
4	25	Belk R.	2010	4	0.13	Ozanne L K.	2010
5	19	Lamberton C P.	2012	5	0.13	Heinrichs H.	2013
6	12	Gansky L.	2010	6	0.12	Aigrain P.	2012
7	11	Ozanne L K.	2010	7	0.11	Tussyadiah I P.	2015
8	11	Albinsson P A.	2012	8	0.11	Albinsson P A.	2012

资料来源：笔者自行整理。

图 2 - 2 和表 2 - 2 显示，国外共享经济研究中较为重要的研究者是博茨瓦纳（Botsman，2010）、贝尔克（Belk，2010、2014）、奥赞（Ozanne，2016）以及阿尔宾森（Albinsson，2012），对该领域其他学者产生了较大的影响。其

中，贝尔克在 2007 年、2010 年、2013 年和 2014 年对共享经济进行了持续的研究，阿尔宾森、奥赞、约翰（John）、海因里希斯（Heinrichs）和图西亚迪亚（Tussyadiah）也在理论上作出了重要贡献。

2.3.2　国外研究内容的 11 个主体模块

文献耦合是分析两篇文献共同引用参考文献的情况，若两篇文献引用同一篇文献，则两篇文献存在耦合关系，引用相同参考文献数量越多，耦合强度越大，在研究主题上越是接近。对于本书研究对象的 253 篇文献进行耦合分析，在 Citespace 中，节点类型选择文献耦合分析（Paper），以一年为一段时间区间，提取每个时间切片排名前 50 位的数据，选取最小树算法为网络裁剪方法（MST）生成最终网络，可得网络节点数 N = 141，连线数 E = 99，聚类后网络的模块（Modularity）值为 0.8497，聚类效果很好。得到在共享经济研究中相近领域的作者，以及研究内容的 11 个主体模块，如图 2 - 3 所示。

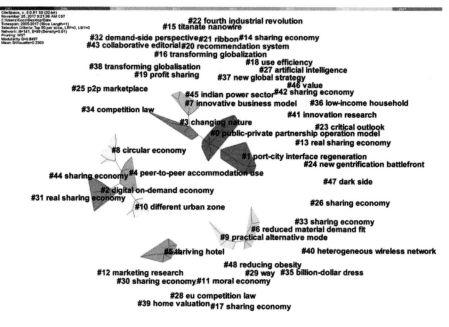

图 2 - 3　文献耦合主体聚类

　　从图 2 - 3 提取 11 个主体领域的标签内容，对应图 2 - 4 的代表作者，梳理各模块中研究文献的细节内容如下。

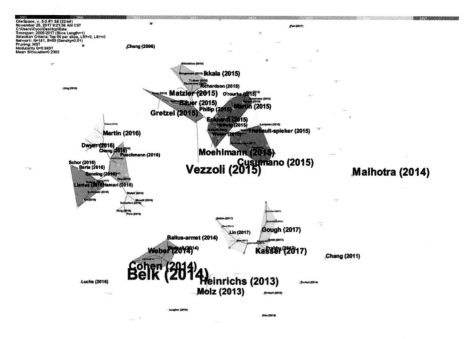

图 2 - 4　文献耦合作者聚类

　　（1）图 2 - 4 中的模块#0 和#1 在内容上相近，其中，库苏马诺（Cusumano，2015）提出共享经济开辟了一个新的时代，而传统企业除了通过提供更为可靠、连续且多样的服务来赢得竞争外，更重要的是通过弥补共享经济运营不足，或是积极参与共享经济来赢得挑战。斯皮克（Thebault-Spieker，2015）以"跑腿"平台（TaskRabbit）为例，讨论地理位置对共享经济中众包市场的影响，通过定量和定性分析发现社会经济发展程度差的城市或农村，共享经济平台服务与城市传统企业服务结合较差，消费者参与意愿低。朔尔（Schor，2016）分析共享经济发展中所存在的不公平运作，试图以"开放与差异的悖论"来分析现实发展与共享经济"开放"和"公平"的目标之间存在的差距。（2）图 2 - 3 中模块#2、#4、#5、#10 的研究内容存在一定的交叉，主要有三个研究层面：一是从共享经济运行的网络系统和平台介质等技术层面；二是从共享经济融合不同产业发展的环境层面；三是把运行技术和产业环境融合在一起的综合层面。库苏马诺（2015）从平台的研究开始，认为共享经济发展要以科技平台为基础，通过平台规模的不断扩张和平台项目的不断丰富而获得发展。巴塔和内夫（Barta & Neff，2015）则由产业发展的相关要素入手，从产业发展所依赖的社区环境角度研究共享经济，通过分析组织中个体的行为、情绪和活动对共享行为的影响，提出在各产业中，共享群体所构筑的"社区价值"对共享经济发展的作用巨大。班宁（Banning，2015）更是将数字分享放置于"信息自由主义"中，探究影响数字经济与自由资本之间关系的因素。韦伯（Weber，2016）通过构建模型分析产业的生产者和销售者能否通过"分享溢价"来提高新产品的价格，从而在共享市场中受益。赫奥（Heo，2016）提出对等网络可以实现游客与旅游地的无缝对接，促进游客与旅游地社区之间建立密切关系，从而为游客带来方便，同时也可以为社区居民带来收益。（3）图2-3中模块#3、#6、#7、#8、#9在内容上联系紧密，认可共享经济具有推动社会实现可持续发展的能力，是产业实现可持续发展的潜在路径（Martin，2015）。多诺里安等（Daunoriene et al，2015）依据可持续循环设计了一套方法来评估共享经济商业模式的可持续发展潜力。陈明明（Cheng，2016）基于对共享经济研究文献的评述，分析从利基创新（Niche Innovation）到中观管理，再到宏观可持续发展的共享路径。因此，共享经济不仅可以使资源得到充分利用，或许还具备构建"可持续发展产品服务体系"的潜在能力（Vezzoli et al，2015）。高夫（Gough，2017）提出共享经济或许是打破企业壁垒和结构性障碍实现产业可持续发展的有效途径。图谱中显示的其他耦合强度较高的文献则认为共享经济作为一种道德经济，需要从诚信等道德层面研究其发展路径（Heinrichs，2013；Molz，2013）。

2.3.3　国外研究内容共性特征分析

依据对11个研究模块所包含的内容整体分析，归纳出主要研究视角及代表性内容如表2-3所示。

表 2 - 3　　　　　　　共享经济文献研究模块的视角及核心内容

序号	视角	内容	代表学者
1	属性特征	共享经济运营中有"共有"和"私有"两种属性共同参与的特征	Cusumano；Mohlmann；Weber；Freken et al.
2	区域发展	共享经济所依赖的平台端口与城市服务结合的研究	Martin；Morgan et al.
3	平台管理	共享经济作为需求导向的数字平台经济的研究	Llamas；Barta；Ert；Watkins；Schivinski et al.
4	产业融合	对等网络（点对点）在产业发展中的应用	Cheng；Puschmann；Elert；Heo et al.
5	宏观发展	共享经济对于自然的改变，集中于资源的优化配置和社会的可持续发展	Vezzoli；Matzler；Bauer；Gretzel et al.
6	组织行为	共享经济发展对传统经济的威胁（如旅游接待业等）	Belk；Cohen；Weber et al.
7	概念理论	共享经济作为创新型经济模式的研究	Ikkala；Richardson et al.
8	可持续发展	共享经济作为循环经济的研究	Martin；Dwyer et al.
9	管理规制	共享经济作为新经济形态对社会管理格局的改变	Heinrichs；Weber；Mcneill；Pera et al.
10	可持续消费	侧重于减少过剩产能，实现可持续消费等的研究	Gough；Kasser et al.
11	商业模式	集中于商业模式的创新和升级等方面的研究	Lloret-Batlle；Greenwoodde et al.

资料来源：笔者自行整理。

综合分析 11 个主题模块的核心内容，虽然切入角度、侧重点和方法均不同，但是在内容上却存在一定的共性特征。

2.4　"共享经济"的理论内涵[*]

2.4.1　共享经济的定义

共享经济最早在 1978 年由美国学者马库斯·菲尔逊（Marcus Felson）和乔尔·斯佩斯（Joel Spaeth）提出，但共享经济现象却在最近几年流行，国

---

　　[*] 戴克清，陈万明，李小涛 . 共享经济研究脉络及其发展趋势 [J]. 经济学动态，2017（11）：126 - 140.

内外相关文献不多①。杰隆（Geron）和莫尔曼（Mohlmann）从协同消费和对等经济的角度，指出共享经济已经成为推动个体通过提供物品和服务供给终端用户并获取收入，从而改变单一收入形式的颠覆性力量②，是个体参与诸如租赁或交易物品、服务、交通工具、空间等获取收益的经济形式③。共享经济使经济社会中的每个个体同时成为"拥有者"和"消费者"，实现需求端和供给端的有效整合，具有极强的产业爆发力④。旅游产业最早出现共享经济业态的是民宿、租车、导游等领域，通过个体资产和服务⑤，以有偿或无偿形式在私有个体之间实现共享或交易⑥。共享经济降低了大众参与旅游行业的门槛并实现创新⑦。因此，将共享经济与旅游产业结合研究，在国内外都属于一个全新的研究领域⑧。

2.4.2 共享经济产生的原因

可持续发展的需求。奥鲁克和洛洛（O'Rourke & Lollo，2015）从可持续消费的视角，探究共享经济从行为变迁到结构化调整，再到可持续传承的消费变革，并构建了包括学习、迭代和可持续创新的完整研究框架。

社会化分享的经济性演变。赫尔维格等（Hellwig et al，2015）采用定量的方法，研究了共享的四个群体：理想化的共享者、反对的共享者、实用型的共享者和规范化的共享者，提出共享经济是从实用型共享中产生，因为实用型共享真正体现共享消费的价值所在。

---

① Felson M, Spaeth J L. Community Structure and Collaborative Consumption: A Routine Activity Approach [J]. American Behavioral Scientist, 1978, 21 (4): 23.

② Geron T. Airbnb and The Unstoppable Rise of The Share Economy [J]. Forbes, 2013 (1): 195 – 200.

③ Mohlmann M. Collaborative Consumption: Determinants of Satisfaction and The Likelihood of Using a Sharing Economy Option Again [J]. Journal of Consumer Behaviour, 2015 (5): 225 – 230.

④ 阮晓东. 共享经济时代来临 [J]. 新经济导刊, 2015 (4): 54 – 59.

⑤ Belk R. You Are What You Can Access: Sharing and Collaborative Consumption Online [J]. Journal of Business Research, 2014, 67 (8): 1595 – 1600.

⑥ Belk R. Sharing [J]. Journal of Consumer Research, 2015 (36): 715 – 734.

⑦ Cheng M. Current Sharing Economy Media Discourse in Tourism [J]. Annals of Tourism Research, 2016 (60): 111 – 114.

⑧ Guttentag D. Airbnb: Destructive Innovation and The Rise of An Informal Tourism Accommodation Section in Tourism [J]. Current Issues in Tourism, 2013 (3): 1 – 26.

产权消费观的变迁和成本降低的需求。贝尔克提出共享经济是所有权变迁应运而生的产物,边际成本趋零化是共享经济产生的根本动力。

社会群聚特征所引发的诸多变革。摩根和库奇(Morgan & Kuch,2015)提出经济衰退、产品外包、环境耗损、人力资本的让渡以及信息技术发展和消费者行为的变迁,诱发了共享经济的产生。

2.4.3　共享经济的基本特征

(1)短期的使用权转移。贝尔克(Belk,2007)认为,共享是将我之所有为他人所用,或将他人所有为我所用的再配置行为和短期过程。博茨曼和罗杰斯(Botsman & Rogers,2010)认可共享经济的所有权论,并提出四种潜在的规则:陌生人之间的信任、公众信念、闲置资源和大众评价。

(2)有偿经济行为。摩尔曼(Mohlmann,2015)从协同消费的视角提出,共享经济的实质是一种不包括礼物赠予、社交补偿以及永久所有权转让的有偿经济行为,是人们通过租借、以货易货等方式,交易物品、服务、空间和金钱等的经济形态。

(3)参与共享的主体多样。目前已经存在的管理共享、信息共享、众包、众筹、协作、集体行为、社区生态、所有权合作等诸多行为都被放在"共享经济"的范畴,相较之早期,参与主体显著增多(Morgan & Kuch,2015)。

(4)基于平台介质的直接交易。贝尔克提出除了所有权变更和亲社会意愿之外,有介质的交易行为是辨析共享经济行为的主要标准。

2.4.4　共享经济的实现逻辑

参与共享经济的个体逻辑。摩尔曼从参与者满意度和再次参与意愿两个层面,验证了十种影响因素。在 B2C 模型中,成本节约、共享的熟悉度、服务质量、信任和效用是影响人们对于共享是否满意的主要因素,社区归属和效用是影响人们再次参与的主要因素。而在 C2C 模型中,服务质量不会成为主要因素,对于共享的熟悉程度和效用则成为再次参与的重要因素。信任在两组模型中均被验证为核心要素,社区归属则在个体参与中显现出更强的影响作用，可持续发展并非是影响人们参与共享经济的主要因素，消费者能否"悦纳"共享经济则更为重要。

参与共享经济的企业逻辑。库苏马诺以爱彼迎为例分析了分售规则、税收、保险，以及服务提供的可靠性、持续性、广泛性和安全性等相关规范性问题，都是影响企业参与共享市场竞争的主要因素。图西亚迪亚（Tussyadiah，2015）同样以爱彼迎为例，提出企业对社会环境等可持续发展的促进作用、企业的社区性特征和低交易成本产生的经济效益，均是影响共享经济发展的重要因素。韦伯（Weber，2015）构建了耐用品企业共享运营的研究模型，提出投入共享的客体特点和价格会影响共享市场的发展。

2.5 本章小结

共享经济作为本书共享逻辑提炼的核心经济形态，对其理论研究和发展的深度梳理极其必要。本章通过知识图谱对文献研究区域机构等显性内容进行梳理，发现共享经济研究的三大基本特征：（1）共享经济研究起源于国外，早期研究以国外科研机构和团体组织为主导，中国的共享经济研究成果不突出，没有与国际上的研究热点地区和前沿研究团队建立紧密的合作关系，国际参与度较差。（2）近年国内研究热度激增，与国外研究机构合作密切，合作网络清晰，研究特点渐趋中国化。（3）共享经济研究的学科领域分布多元，研究角度多样。

通过对共享经济研究重要文献的共被引、关键词以及耦合关系等隐性内容的深度剖析发现以下特征：（1）共享经济的研究内容存在 11 个主体模块，通过分析主题模块，可以提炼出研究的三大共性问题，包括共享经济的产生原因、基本特征以及影响其发展的因素。（2）共享经济理论基础研究存在四个主要视角，包括产权论、市场论、技术论和社会论。（3）共享经济研究脉络清晰地呈现出一条主线和四个维度，即以共享经济社会属性向经济属性演进的研究过程为主线，存在宏观可持续发展、微观组织行为演化、实现的技术介质以及运行管理及规制四个主要研究维度。

共享经济的研究是一项长期而复杂的工作，特别是在中国政治经济体制和形态下，研究的潜力和空间巨大。结合本章对共享研究四大热点问题的归纳和三个主流趋势的预测，未来研究可以从以下四个方面开展：（1）在共享经济理论研究上寻求突破，包括边界和特征的廓清、概念范畴的统一以及理论体系的构建等。（2）在共享经济应用研究上的突破，包括科技与经济的融合、平台介质的搭建、管理规制的方式和法律法规的完善等。（3）在共享经济研究方法上的创新，包括以多学科交叉研究为基础，实现跨区域的合作，特别是要进一步拓展定量分析方法的研究和应用。（4）结合中国情境的共享经济理论发展与管理创新。

第 3 章 创新的相关文献综述

3.1 产业创新

3.1.1 产业创新的内涵

关于创新，熊比特百年前在《经济发展理论》一书中首次提出，对于创新的研究发展至今已形成一套独立的理论体系。从企业层面来说，创新是企业生产要素与生产条件之间的重组与重构，是推动生产效率提升的一种方式[①]。对于一个产业或企业个体而言，新的组合包括多种方式，例如，引进新产品或提高原产品质量形成的创新；通过设计降低成本来实现的创新；通过新的运营模式开辟新市场实现的创新；开辟新能源淘汰落后能源资源形成的创新；组织形式变革重构形成的创新。纵观创新的相关研究，其特征可以总结如下：首先，创新的概念内涵丰富，外延宽泛，可以与技术、组织、企业、行为、管理、营销、生产、成本等各种内容相关；其次，创新的实现节奏不一定是渐进的，可能是间断的、突变的或是破坏性的；最后，创新模式可以复制和扩散，当新事物达到一定规模会激发新一轮的创新发展，展现出强周期性和生态循环性特征。

---

① 熊彼得. 经济发展理论 ［M］. 北京：华夏出版社，2015.

3.1.2　产业创新的分类

创新可以分为若干类别，但是研究时间均较短，结合本书研究需要，将创新类别列举如下。

（1）开放式创新。由亨利·切斯堡（Henry Chesbrough）于 2003 年首次提出，强调了外部变革对内部创新产生的重要影响，内外部有机结合、互补、重构的渠道建设，可以很好地激发企业、组织新价值的创造和新形态的实现[1]。开放式创新的本质是各种创新要素互动、整合的过程机理，以价值为连接，形成企业内外部环境间，企业组织间，企业组织与个体间，企业个体与个体间的互动、合作、整合与重构[2]。可以通过知识的吸收、信息的获取、学习能力的提升等多渠道变革，形成企业在创新资源上的有效配合和协同[3]。

（2）协同创新，指各创新主体通过沟通—协调—合作—协同而实现创新资源的优化和合理配置，提高系统创新绩效，并取得额外收益[4]。从组织结构上看是一种以知识增值为目的的开放式合作创新，是由政府、高校、企业、中介机构、研究机构甚至用户在共同创新需求下，通过签订契约构成的复杂创新网络[5]。协同创新的本质是系统优化，目的是实现创新资源合理配置，基础是多主体合作，目标是提升整体创新绩效，核心问题是主体间的利益分配[6]。

（3）低成本创新，是一种可以推动企业通过"低成本"投入实现"高质量"发展的创新形式。低成本创新由阿里巴巴集团曾鸣（2007）在国内率先

---

① Laursen K, Salter A. Open for Innovation: the role of openness in explaining Innovation performance among U. K. manufacturing firms [J]. Strategic Management Journal, 2006, 27 (2): 131 – 150.

② Jacobides M G, Cennamo C, Gawer A. Towards a Theory of Ecosystems [J]. Strategic Management Jouranl, 2018, 39 (8): 2255 – 2276.

③ 沈琼, 王少朋. 技术创新、制度创新与中部地区产业转型升级效率分析 [J]. 中国软科学, 2019 (4): 176 – 183.

④ 常雅楠, 王松江. 激励视角下的 PPP 项目利益分配: 以亚投行支撑中国企业投资 GMS 国家基础设施项目为例 [J]. 管理评论, 2018, 30 (11): 257 – 265.

⑤ 王发明, 朱美娟. 创新生态系统价值共创行为协调机制研究 [J]. 科研管理, 2019, 40 (5): 71 – 79.

⑥ 张明志, 姚鹏. 产业政策与制造业高质量发展 [J]. 科学学研究, 2020, 38 (8): 1381 – 1389.

提出①。武亚军等（2010）在针对 5016 位企业经营者的调研中发现，"低成本创新"得到企业家的普遍重视，诸如通过设计创新、产品语义创新等均是企业低成本创新的具体形式②。蔡瑞林等（2014、2015、2019）利用纵向案例扎根分析方法，发现低成本创新是在技术、资源、市场、组织等传统管理要素变革整合基础上，优势互补形成的综合性创新效率体现③，其实质是更快、更有效地实现资源配置，满足市场需求，提升企业创造价值的能力，获得相对比较意义上的低时间成本、低财务成本、低市场风险的创新绩效④。低成本创新可以"用更少资源为更多主体提供更好服务"⑤，与"四新经济"高度契合（Bhatti，2012）。

3.2　技术创新与创新生态

3.2.1　技术驱动创新

3.2.1.1　工业领域技术创新的破坏性驱动思想

工业产业创新实现的驱动主要集中在技术的变革和系统的变化⑥。马克思将技术创新破坏性思想作为其（技术）哲学思想的重要组成部分，进行了充分阐述。马克思将技术创新的一般理论和批判理论有机构建成了一个统一的理论体系，深入分析技术创新破坏性观点。技术创新对劳动方式的不断破坏，推动资本主义生产方式不断演变。技术的创新发展让工人被雇用并在一

① 蔡瑞林，陈万明，陈圻. 低成本创新驱动制造业高端化的路径研究 [J]. 科学学研究，2014，32（2）：384－391.

② 蔡瑞林，戴克清. 协同创新网络下产品语义设计对产品开发绩效的影响 [J]. 企业经济，2019，38（11）：106－112.

③ 史竹琴，苏妮娜. 创新网络、失败学习与低成本创新关系研究——理论模型与实证 [J]. 经济问题，2018（4）：97－103.

④ Kim J Y J, Miner A S. Vicarious Learning from the Failures and Near-Failures of Others: Evidence from the US Commercial Banking Industry [J]. Academy of Management Journal, 2007, 50（3）: 687－714.

⑤ Senyard J, Baker T, Steffens P, et al. Bricolage as a Path to Innovativeness for Resource Constrained New Firms [J]. Journal of Product Innovation Management, 2014, 31（2）: 311－230.

⑥ 王圣元. 南京构建全国一流创新生态系统对策研究 [M]. 南京：东南大学出版社，2020.

起工作，由此打破了原本相对独立的手工劳动；蒸汽机、纺纱机等技术创新则推动资本主义的产业革命，同时破坏了工场手工业的工作方式。资本主义的生产方式正是由一次次的技术创新，驱动组织形式创新，造就了经济的飞速发展和产业时代的变迁。就如马克思在《机器。自然力和科学的应用》所论述的"由于采用机器，不仅劳动生产率（从而劳动质量）提高了，而且在一定时间内消耗的劳动量也增加了。时间的间隙由于所谓劳动紧凑而缩小了"。① 技术创新破坏旧的劳动技能和劳动方式，造成了产业活动的巨大变化。同时，机器对工人生理和心理方面也造成了破坏。机器的发明和使用没有减轻工人的劳动强度，反而增加了工人的劳动负荷。劳动环境对工人身体健康也造成了威胁。机器使工人的劳动力贬值，造成工人的失业和贫穷。"一旦工具由机器来操纵，劳动力的交换价值就随同它的使用价值一起消失。工人就像停止流通的纸币一样卖不出去"。② 人在劳动过程中的作用不断地被技术创新用机器取代，劳动力的价值在不断地贬值。技术创新虽然具有破坏性，但是这种破坏性是可以被转化和摒弃的。在技术创新破坏性的转化中包含着社会更多的发展和人类更大的解放。马克思在对技术创新的破坏性批判的同时，为我们指出了技术创新破坏性转化的方向和方式。③

熊彼特（Joseph Alois Schumpeter，1979）创新理论中对于技术驱动的论证着眼于经济发展不是来自外在因素的影响与作用，而是在经济体系中自发出现的。创新是建立一种新的生产函数，新的函数是对旧的函数的破坏，因而破坏性是经济发展的本质。技术创新表现在对原有的陈旧生产体系、陈旧的企业组织、陈旧产品以及陈旧的生产方法的破坏上。技术创新带来的竞争与以往不同。"这种竞争打击的不是现有企业的利润边际和产量，而是它们的基础和生命。这种竞争比其他竞争有大得多的效率，犹如炮轰和徒手攻击的比较"。④ 由此形成更容易承受由于技术创新造成的不确定性甚至失败的新生产体系、新企业。但是，不论是马克思还是熊彼特，在技术创新驱动产业变革的论证中，虽然视角存在差异但是技术变革驱动创新的核心认知趋同。

---

① 马克思. 机器。自然力和科学的应用［M］. 北京：人民出版社，1978：20.
② 马克思. 资本论（第一卷）［M］. 北京：人民出版社，2004：495 – 496.
③ 马克思. 资本论（第一卷）［M］. 北京：人民出版社，2004：501.
④ 熊彼得. 资本主义、社会主义与民主［M］. 北京：商务印书馆，1979：149.

3. 2. 1. 2 服务业技术创新驱动产业创新的实践

技术创新可以驱动服务业的创新，本书将以旅游产业作为服务业的典型代表，进行深入探索。学者们普遍肯定信息技术的驱动作用，但对其推动旅游产业创新的过程研究，侧重点则各不相同①。根据已有的文献大致可以分为以下三个层面：一是信息技术革新被应用于旅游产业各要素的变革实现创新，包括产业内的技术进步、制度创新、管理创新，是一种跟随战略②，例如，卞谦和徐安峰分别讨论了技术创新和制度创新对旅游产业结构创新的指导，并对科技创新及科技管理策略进行充分论述③。二是信息技术促进产业要素的变革和融合，包括农业、工业、影视等多种产业与旅游业的融合，例如，丁雨莲和吴金梅分别从技术"助推—牵引"产业融合和演进的作用，并提出技术是产业融合创新成为旅游吸引物并常态化的重要因素④。三是信息技术促进产业内个体要素和资源要素本身的变革，通过新兴商业模式的运用和新服务的创造实现创新，例如，张新香提出技术创新和商业模式是实现创新的过程，探讨了二者交互驱动的机理⑤；切斯布洛（Chesbrough，2009）等认为，商业模式可以释放技术所蕴含的潜在价值⑥；阳双梅等则将技术和商业模式创新明确表述为由资源和能力、决策及价值成果三要素组成的多主体共同参与，以及个体不断突破资源约束和目标的动态过程⑦。在信息技术发展的基础上，上述三个层面的创新过程分别属于：跟随创新，强调服务产业内部技术、管理、制度等在信息科技变革的影响下实现创新；跨界创新，

---

① 杨彦锋. 互联网技术成为旅游产业融合和新业态的主要驱动因素 [J]. 旅游学刊，2012，27 (9)：7 - 8.

② 徐岸峰. 旅游产业科技创新及科技管理策略研究 [J]. 科技管理研究，2010 (20)：33 - 35.

③ 卞谦，邓祝仁. 技术创新与制度创新在旅游行业的应用——关于桂林市旅游产业发展的个案研究 [J]. 社会科学家，2000 (1)：27 - 32.

④ 丁雨莲，赵媛. 旅游产业融合的动因、路径与主体探析——以深圳华强集团融合发展旅游主题公园为例 [J]. 人文地理，2013 (4)：126 - 131.

⑤ 张新香. 商业模式创新驱动技术创新的实现机理研究——基于软件业的多案例扎根分析 [J]. 科学学研究，2015 (4)：616 - 626.

⑥ Tone K. Network DEA: A slacks-based measure approach [J]. European Journal of Operational Research，2009，197 (1)：243 - 252.

⑦ 阳双梅，孙锐. 论技术创新与商业模式创新的关系 [J]. 科学学研究，2013 (10)：1572 - 1580.

强调在信息技术推动下与不同产业的重组及融合；内源创新，强调在产业相关个体所拥有的资源优化配置、组合和共享的基础上实现的创新。对于前两个层面学者们从归因、路径、模式、绩效等不同的目的和角度进行了颇为丰富的研究，而对于第三个层面信息技术催生商业模式等旅游产业内生化变革实现创新，虽然已经引起学者的关注但成果尚不丰富，如图 3 – 1 所示。

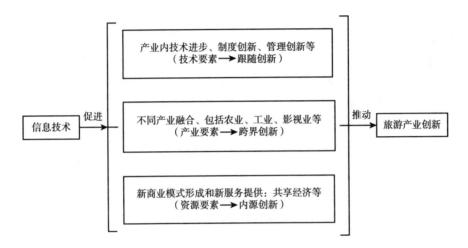

图 3 – 1 "互联网 +"作用下旅游产业创新实现的过程机理

3.2.2 创新生态系统

创新生态系统的研究对象和研究范围确定了研究边界。以摩尔（Moore，1993）为代表的学者明确了研究的边界。该边界中包含了创新体系的各方利益相关者（Helfat，2015；Adner，2012）。以切斯布鲁克（Chesbroush，2003）为代表的学者将焦点企业作为研究中心，模糊化创新生态系统的边界（Amit & Zott，2015；Salonen & Jaakkola，2015）。系统边界问题理清后，学者们开始研究企业创新生态系统的构建与治理目标问题。企业创新生态系统治理目标主要关注系统协调与控制问题（Lumineau & Henderson，2012；Carson，2006），或者相关利益者的价值最大化问题（Wareham，2014）。

创新生态系统的主体框架是由创新主体与创新环境两个部分构成的。创新生态系统的框架结构是静态的，但是由于研究创新生态系统时的侧重点、视角、对象与内容的不同，创新生态系统的特性也呈现出多种多样的形式。已有研究从创新生态系统的自然生态性概念、种群之间的演化机理出发，认为创新生态系统特征主要表现为：物种和种群多样性及其竞合共生、生态系统的自组织动态演化以及创新系统的开放式协同。

共生协同视角的创新种群间关系研究。共生协同是为了最大限度地调动各方资源实现创新。协同服务于创新的全过程，这是构建创新生态系统的意义所在。在协同的各种形态中，共生协同最能反映创新生态系统种群间的关系。共生协同视角下，创新者和其他种群之间是合作关系，共生体之间因利益一致而达到共赢的协同效果。创业生态系统发展在不同的阶段特征下，种群间呈现的不同合作结构，对种群间共生协同形成的效应也不同，已有研究已从创新生态系统种群间关系、创新生态系统种群间共生协同效应等方面进行了深入的分析①。

创新生态系统演化机理②。系统的演化是系统由一种不成熟的结构或形态逐渐向成熟的结构或形态转变的发展过程，系统演化在内部动力和外部环境动力的共同推进下进行。围绕提高创新数量和质量的目标，使创新生态系统的发展与创新者的要求相适应、与创新驱动的社会经济环境相适应，是系统演化发展的重要路径。以创新生态系统与创新主体发展的适应性演进为内部动力、以创新生态系统与社会经济环境的适应性演进为外部动力，探索创新生态系统的演化机理。已有研究就创新生态系统发展阶段、创新生态系统与创新主体需求的适应性演进机理、创新生态系统与外部环境的适应性演进机理，以及创新生态系统健康度评价等方面进行了充分研究。

创新生态系统协同发展机制构建③。在生态系统特征维度的基础上，有研究结合内外动力因子，划分出创新生态系统的二级子系统，每个子系统设计相应测量指标，构建创新生态系统中创新种群作用关系模型，据此优化创新管理机制。根据创新生态系统健康评价和运行机制调适的结果，构建政府、企业、高校、科研机构以及非营利组织等多方协同的创新政策体系。着眼于

---

① 王圣元，戴孝悌. 创新生态系统：理论与实践研究 [M]. 南京：东南大学出版社，2017.
② 王圣元. 区域创新生态系统运行机理与优化研究 [M]. 武汉：武汉大学出版社，2019.
③ 王圣元. 管理研究生态学模型与方法 [M]. 武汉：武汉大学出版社，2021.

创新生态系统的影响、创新生态系统运行仿真模拟以及创新生态系统治理与
优化等做了深入研究。

3.3　服务创新的相关理论 *

3.3.1　服务创新理论

服务创新作为当前中国产业创新的重要内容，广泛应用于制造业、服务
业等诸多产业领域。服务创新理论是从创新理论（innovation theory）演进而
来[1]。创新理论由熊彼得（Joseph Alois Schumpeter, 1979）在《经济发展理
论》一书中首次提出，并论述了创新的五种形式：开发新产品、引进新技
术、开辟新市场、发掘新的原材料来源、实现新的组织形式和管理模式。彼
得·F. 德鲁克提出，创新是组织的一项基本功能，是管理者的一项重要职
责。由此颠覆了学界对于"管理"的基本认知，出现由以梳理现有业务，改
进产品质量、流程，降低成本以及提高效率为特点的常规范式，转变为以创新
作为管理者的基本工作和职责，把未被满足的客户需求或潜在需求转化为机会，
形成"新"价值的创新范式。创新可以赋予资源新的能力，挖掘资源新的价
值，由此创造出更多的客户价值，因此，创新本身就是一种资源创造的过程。

服务创新作为创新理论的重要分支，学界对其研究已有 30 余年的历史，
经历了初期广义服务创新的研究（Barras, 1986），到以开放创新为基础的
"开放式服务创新"的发展（Chesbrough, 2011）。然而服务业的服务创新对
于制造业服务化转型的驱动力明显不足[2]。因此，在切斯布洛（Chesbrough,
2011）首次正式提出开放式服务创新理念后，服务创新就与开放式创新的复
杂特性相融合，认为开放式服务创新可以跨越制造业与服务业的模糊边界，
将制造业的产品和服务统一起来。虽然开放式服务创新试图吸纳多元化的创

　＊　戴克清. 制造业服务化演进动态：从曲线到模块的策略选择［J］. 中国科技论坛，2021（3）：
84 - 92.

　①　熊彼得. 资本主义、社会主义与民主［M］. 北京：商务印书馆，1979：149.

　②　许庆瑞，吕飞. 服务创新初探［J］. 科学学与科学技术管理，2003（3）：34 - 37.

新要素，利用企业内外部的创新资源，通过多主体创新模式构建全新的服务创新组合，但是由于其存在的"双高"压力，多数制造业企业无法突破高成本和高风险的服务困境，应用极少①。特别是随着智能制造的推进，制造业企业正在经历着深度的变革，开放式服务创新对于智能制造型企业服务化变革的作用力存在一定局限。同时，随着大数据、云制造和物联网等的日益成熟和充分应用，服务从产品从属的"次优"产出内容，被提升为一切交换活动的"核心"产出内容。谭清美团队将智能生产与服务网络相结合，构建以平台运用为载体，以智能生产为核心的新体系②。刘林青等提出服务主导逻辑下服务是一切交换活动的基础，一切经济均可视为服务经济③。然而已有研究无法充分解释当前制造业企业服务化现象的产生与发展，特别是共享经济融合多产业形成的服务创新现象，更是一个亟待研究的全新领域。

服务创新理论作为本书中共享逻辑提炼的基础性理论，是因为服务创新形式、逻辑、模式和基础介质等多层次内容，均与共享经济有相通之处。因此，以服务创新作为创新构念的基础理论，可以很好地弥合共享与服务之间的逻辑关系。

3.3.2 制造业服务化创新实践

从国外针对服务业"逆向产品周期理论"的广义服务创新，到国内服务创新的初探，再到可以跨越制造业与服务业模糊边界，将产品和服务统一起来的开放式服务创新发展，学界对其研究已有 30 余年的历史。当前，服务创新的一般理论、演变特征、系统结构及制造业服务化等研究，被视为新的着力点，特别是服务创新在制造业的应用研究成为热点④。国外研究呈现出制造业服务创新与制造业服务化研究并轨发展的现象，学者们分别从产品附加

---

① 康遥，陈菊红，同世隆，姚树俊. 服务化战略与服务绩效——价值共创调节效应 [J]. 软科学，2016，30（3）：103 – 107.
② 王磊，谭清美. 复杂系统网络界壳套设计研究——以"智能生产与服务网络体系"为例 [J]. 软科学，2018，32（4）：135 – 139.
③ 刘林青，雷昊，谭力文. 从商品主导逻辑到服务主导逻辑——以苹果公司为例 [J]. 中国工业经济，2010（9）：57 – 66.
④ Barras R. Towards a Theory of Innovationin Services [J]. Research Policy, 1986（15）：161 – 173.

组件服务创新、组织服务创新、服务价值的主张变革以及服务形式创新等，研究制造业企业服务化的主要动力①；从制造业的服务创新逻辑、服务创新认知、新型用户关系、信息科技的发展以及商业模式变革等，研究推动制造业转型升级的重要手段②。国内研究则多立足于中国情境，具体包括服务创新对制造业企业组织的影响，如制造业服务创新战略与组织要素之间的匹配关系；服务创新相关关系，如服务创新正向影响制造业服务化程度，有条件影响制造业企业绩效水平③。服务创新能力，如制造业企业资源、能力与环境的动态匹配及组合模式，可导致服务创新能力的异质性和序列效应④。服务创新模式，如基于资源基础观、价值创造阶段、互联网科技等的制造业服务化商业模式创新⑤。纵观国内外研究成果，平台技术、价值逻辑、商业模式等新时代元素对服务创新的影响渐趋彰显，成为研究的热点领域。

3.4 其他的相关理论

本书以共享经济为核心切入点，在新经济模式视阈下，重点运用产业创新、服务创新、资源观、价值共创等相关理论，评估在共享经济影响下服务业和制造业创新绩效，提炼共享逻辑，分析中国产业创新发展的机理，设计中国产业创新发展机制，进而提出优化产业创新环境和路径的政策建议。

3.4.1 资源观理论

资源观理论（resource-based view）作为战略管理理论领域最重要的理论

---

① 许庆瑞，吕飞. 服务创新初探 [J]. 科学学与科学技术管理，2003（3）：34 - 37.

② 彭本红，武柏宇. 制造业企业开放式服务创新生成机理研究——基于探索性案例分析 [J]. 研究与发展管理，2016，28（6）：114 - 125.

③ 汪涛，蔺雷. 服务创新研究：二十年回顾与展望 [J]. 软科学，2010，24（5）：17 - 20.

④ Vandermerwe S, Rada J. Servitization of Business: Adding Value by Adding Services [J]. European Management Journal，1988，6（4）：314 - 324.

⑤ Tukker A. Eight Types of Product Service System: Eight Ways to Sustainability? Experiences from SusProNet [J]. Business Strategy & The Environment，2004，14（4）：246 - 260.

革新，其核心思想严格起来可以追溯至马歇尔于 1925 年提出的企业内部成长观点以及企业知识的基础理论，由于专业化分工导致企业产生新的内部职能部门，积累新的知识，协调新的问题，推动企业不断进化，但是由于资源不完全流动假设的存在，形成企业间资源异质性的长期存在。而行业则是有一系列异质性企业构成，企业可能会面临成长和衰退以及存在和消亡，但是行业则可以承受长期的波动并实现平稳的向前发展①。彭罗斯（Penrose，1959）提出的核心理论基础，沃纳菲尔特（Wernerfelt，1984）将其发展形成企业资源观，提出组织非均衡成长的观点，普拉哈拉德和哈默尔（Prahalad & Hamel，1990）则视企业为一个资源集，依赖内部的能力资源，通过管理行为将非标准化操作及非程序化决策，不断转化为标准化操作和程序化决策，集中解决"企业为什么会表现不同"和"企业如何获得长期竞争优势"两大假设。资源观的核心思想是认为企业管理的最终目标是支持企业长期占有经济租金，依托核心资源，保持持续的竞争优势。随着资源观理论的演进，形成不同的研究流派，包括资源基础学派、核心能力学派和知识基础学派等。

在资源观理论导向下，企业的基本功能是利用个体组合内外部资源，获取知识，创造价值。企业拥有能够获取知识和互补性资源的能力，同时具备整合内外部资源创造价值的能力（Grant，1996）。资源观理论研究经历了"个体层次→组合层次→系统层次"的演进过程，其中，巴尼（Barney，1991）个体层次以知识资源的研究为主体，组合层次主要以企业能力研究为主体，而加卢尼克和罗丹（Galunic & Rodan，1998）系统层次则以企业价值的实现为主体，并以此为基本维度，对企业资源进行分类。就个体层次而言，舍马克（Schoemaker，1990）企业资源分类属性包括可见性和附属性。具体包括可见资源如人力资源、实体资源、技术资源、知识产权、生产设施设备资源等，不可见资源包括高水平人才、关系资源、品牌价值、市场资源以及其他生产调节性资源等，这些资源又可归属于个体或集体等不同类属（Amit & Schoemaker，1993）。巴尼（1991）就组合层次而言，包括资源、知识和能力等要素及其相互间作用的复杂关系，共同形成以企业的内聚资源和系统资源组成的资源网络集合，内聚资源以边界明确的直接资源相互作用，系统资

---

① 马歇尔. 经济学原理［M］. 北京：人民出版社，1995.

源则是资源要素间交互作用形成的复杂网络。迪瑞克和库尔（Dierickx & Cool，1989）就系统层次而言，资源观理论研究则以隔离机制和核心能力为主体。其中，隔离机制包括制度性隔离和战略性隔离两种具体情况，前者是指由于企业传统、文化、政策系统和人力资源不支持导致企业管理者执行力与创造力的降低，后者则指在隔离机制之外资源所具有的哪些阻碍企业模仿或者创新的隐性的、独特的、复杂的和路径依赖的资源要素特征（Barney & Hansen，1994）。核心能力最初界定中指"组织中的一种集体知识，特别是在协调不同生产技术和整合多个技术流的知识，是具有'协调'和'整合'功能的'集体知识'"，其中，实现"协调"和有机"整合"的则是组织资源和社会资源（Ramanathan et al.，1997）。彭罗斯（Penrose，1959）认为，资源的功能在于存在与多种被运用的方式的函数，具体而言即便是同样的资源在以不同的方式，或者与不同类型的其他资源组合后，则会提供若干不同的服务。因此，企业作为资源集合体，为了获得并保持长期的竞争优势，就需要不断地寻找新资源或创新现有资源的组合方式，而这一过程可视为资源重组的过程，是一种渐进式的创新变革过程。

本书中共享经济是突破传统资源约束，打破资源组合方式，创新资源匹配路径的全新经济模式。而在共享逻辑下中国产业创新需要打造资源匹配的介质，建设资源互通的通道，转变资源依赖形式，创新资源重组的方式，这些均是创新发展中不可规避的核心问题。因此，资源观理论可以作为本书的重要理论基础。

3.4.2　价值共创理论

价值共创理论是从服务经济学、消费生产理论等多理论发展而来的较新理论，其中，价值共同生产（value co-production）的概念，论述价值由企业和顾客共同生产，价值创造的核心是企业和顾客的互动，通过彼此之间的互动来共同创造价值[①]。价值共同生产可视为价值共创思想的萌芽，虽然不能

[①] Gummesson E, Mele C. Marketing as Value Co-creation Through Network Interaction and Resource Integration [J]. Journal of Business Market Management, 2010, 4（4）: 181-198.

等同于价值共创，但却承接了早期的价值共创理念。价值共创经历了从"顾客主导逻辑"向"服务主导逻辑"的演进。基于顾客主导逻辑的价值共创是从企业竞争和战略管理的视角提出，价值共创是通过改善企业和客户之间传统关系，形成以客户为中心的管理理念创新，服务过程需要生产者和消费者共同合作，服务价值需要两者共同决定（Prahalad & Ramaswamy，2004）。从消费者生产理论的角度来说，消费者与企业共创价值的核心是消费体验，主体方式是价值网络成员间的互动。随着信息网络技术的发展，服务主导逻辑也日渐兴起，企业价值共创逻辑导向由"为顾客提供产品或服务"转变为"顾客如何利用产品或服务实现自己的目的"，顾客的消费体验和消费情境成为企业生产经营的核心。包括的基本观点是：第一，在服务主导逻辑下，共同创造的价值不再聚焦于交换价值，而强调的是使用价值（value-in-use）；第二，使用价值是顾客在使用产品或消费服务过程中，通过与生产者互动共同创造的价值；第三，在价值共创系统中，顾客作为资源整合者，通过整合和利用各方资源共同创造价值，因此，消费者的认知、经验和动机等被作为企业生产过程的重要参考因素，纳入企业价值的创造（Vargo & Lusch，2004）。

价值共创理论在网络化发展情境下，经历了两个层面的演进过程：一是从顾客到用户的演进。消费者有能力与企业共同创造价值，具有价值的产品并不是企业作为生产的主导者单独创造出来的，而是顾客作为价值的消费者主动接受且参与价值的创造共同完成的[①]。企业从关注技术创新转移到产品和服务背后的用户体验，由此促进传统意义上的消费者、顾客逐渐转变为"用户"。二是从共创价值链到柔性价值网的演进。企业从传统简单的"产品—服务—体验"的简单链式逻辑，转变到包含"价值主张→价值创造→价值传递→价值获取"的共创价值网和非线性商业模式的转变（杨学成等，2016）。在网络经济中，用户与企业作为柔性价值网的节点，通过不断的链接、互动和重构，扩展稳定的网络链接，驱动价值共创形态由价值矩阵向价值网演进（杨学成等，2017）。

[①] 汪寿阳，敖敬宁，乔晗，杨一帆，胡毅，姜懋. 基于知识管理的商业模式冰山理论 [J]. 管理评论，2015，27（6）：3-10.

　　价值共创理论被视为本书的主要理论来源。一方面本书的主体背景和核心内容皆与"共享"相关，共享的核心立意在于通过资源、产品和服务的协同消费，实现价值的共创；另一方面本书的题眼"服务"是基于用户价值的挖掘，由此形成新的资源、产品和价值，服务的要义在于围绕资源、产品等创新服务，挖掘用户价值，实现价值的增值与迭代，由此进入新一轮的创新发展。

3.5　本章小结

　　本章围绕创新的相关研究进行了较为全面的综述。首先，以产业创新为主体，总结了产业创新的内涵特征，论述了开放式创新、协同创新、低成本创新等不同类型的产业创新。其次，以技术创新和创新生态为主体，具体对比分析了马克思和熊彼特的技术创新理论，并以服务业为视角，论述了技术创新驱动产业创新的实践研究内容。论证了创新生态系统的研究对象、范畴、主体框架、特征，并选取共生协同视角的创新种群关系、系统演化机理、协同发展机制等不同视角进行总结分析。同时系统论证了服务创新的相关理论，并以制造业的服务化创新作为实践研究的内容进行全面梳理。最后，对本书后续相关的其他理论，诸如资源观理论、价值共创理论等进行了总结性梳理。通过对已有研究的系统梳理和全面论证，为本书后续研究奠定了坚实的理论基础。

第4章 共享视阈下的传统产业创新机理[*]

4.1 问题提出与争论焦点

国富民强离不开坚实的经济基础。"推动互联网、大数据、人工智能和实体经济深度融合",培育新增长点、形成新动能,将新经济作为核心动能,加快科技创新,建设网络强国、数字中国,提升智慧社会的能力水平。共享经济等经济形态成为新经济中的重要组成部分,特别是其如何充分融入传统产业,推进传统产业转型升级成为研究的焦点。共享经济中"共享"的要素特征,在促进传统产业转型升级中的作用显著,例如在制造业引入共享经济,构建"智造共享新生态",实现传统制造业与服务业融合,推动企业进入发展的快车道。在服务业的创新突破以爱彼迎、优步为典型范例,在不到5年的时间里,估值分别超过世界最大的连锁酒店希尔顿(Hilton)和全球最大的实体租车集团"企业号"(enterprise)。在共享新业态下传统产业转型实践中存在的问题突出:一是共享经济中的共享特征如何有效消耗传统产业由于供需不匹配而形成的过剩产能;二是如何通过共享实现要素组合的优化,提高传统产业经济效率;三是共享是如何打破传统产业链上下游壁垒,形成可持续发展的价值环路。因此,本章将在共享经济的视阈下,依托多层次分析框架,探析共享经济驱动传统产业转型升级的具体路径,以此解决传统产业转型升级过程中存在的突出问题。

---

[*] 戴克清,陈万明,王圣元. 共享经济驱动传统产业创新升级路径研究:多层次视角分析框架 [J]. 科技进步与对策,2018,35(14):50−55.

4.2　理论内容与分析框架

4.2.1　理论衔接

"共享经济"（sharing economy）是消费"使用权"的新经济形式，各类"经济剩余"均可参与共享①。在产业层面，普什曼和埃莱特（Puschmann & Elert，2012）提出共享经济的供需对接特性在住宿业创新中起到重要作用。共享经济的发展改变了传统的饭店业经营方式，给传统企业带来了巨大挑战②。韦佐利等（Vezzoli，2010）则认为，共享经济对于传统产业的改变，或许可以实现资源的永续利用和社会的可持续发展。伊卡拉和理查森（Ikkala & Richardson，2016）主要着眼于共享经济作为创新的经济模式进行研究。西野（Nishino，2017）分析了制造商在共享经济中采取的生产策略转变。史竹琴等分析了智能生产共享商业模式的价值逻辑③。在平台层面，刘蕾等认为，从传统经济到共享经济是一个"去中介化"和基于共享平台的"再中介化"过程④。利亚马斯等（Llamas，2015）提出共享平台是共享经济得以运行的基本介质，是需求为导向的数字平台经济。哈吉（Hagiu，2015）等将共享经济描述为消费者间进行直接交易的多边平台市场，试图从技术层面解析共享经济的理论来源。

4.2.2　多层次分析框架

共享经济业态集聚的创新系统是一个具有多层次协同创新特征的新型系

---

① Belk R. Sharing [J]. Journal of Consumer Research，2010，36（2）：715 – 734.

② Bardhi F, Giana M. Access-Based Consumption：The Case of Car Sharing [J]. Journal of Consumer Research，2012，39（4）：881 – 898.

③ 史竹琴，蔡瑞林，朱先奇. 智能生产共享商业模式创新研究 [J]. 中国软科学，2017（6）：130 – 139.

④ 刘蕾，鄢章华. 共享经济——从"去中介化"到"再中介化"的被动创新 [J]. 科技进步与对策，2017，34（7）：14 – 20.

统，驱动传统产业实现创新是一个多要素多层次相互作用的结果，是从微观到宏观再到微观的循环渐变过程①。因此，采用源于创新学研究的多层次视角（multi-lever-perspective，MLP）分析框架，作为创新升级路径的分析依据②。多层次分析框架以非线性的演进过程为前提，把通过社会要素或技术创新等各层面相互作用实现创新的复杂动态过程置于一个分析框架中进行演进说明，突出宏观环境场景、中观社会技术域以及微观小生境创新三个层面的共同作用。马丁（Martin，2016）运用多层次分析框架对共享经济是可持续发展经济还是新自由资本主义形式进行辨析。孙冰等则用 MLP 框架研究创新生态系统演化过程③。因此，多层次视角分析框架可以有效地分析共享经济业态集聚的复杂系统，深度解析共享经济作用下传统产业创新升路的路径。

共享经济发展需要以不同产业为载体，集聚于不同的产业领域，通过弱化产业边界，打破产业链，重构产业网，简化交易环节，实现供需的直线对接与定制化创新，借助其业态集聚的新型商业平台，促进传统产业的价值链和产业链向价值网和产业网的升级。然而已有研究虽已经涉及微观业态主体发展，中观政府政策措施和法律道德规范，以及宏观的可持续发展等多个层面。但未将其放置在一个统一的多层级发展框架中进行研究。因此，共享经济的创新能力虽然彰显，但创新实现路径尚不明确；其作为新动能的系统性要素和所需的多层级环境也未被深度解析，规制和利用路径不清晰。

4.3　理论模型构建

4.3.1　层级模型构建

依据多层次分析框架强调的各层面之间因果关系相互转化的路径，以及

① Markard J, Raven R, Truffer B. Sustainability transitions: an emerging field of research and its prospects [J]. Res. Policy, 2012, 41 (6): 955 –967.

② Smith A, Vob J P, Grin J. Innovation studies and sustainability transitions: the allure of the multi-level perspective and its challenges [J]. Res. Policy, 2010, 39 (4): 435 –448.

③ 孙冰，徐晓菲，姚洪涛. 基于 MLP 框架的创新生态系统演化研究 [J]. 科学学研究，2016，34 (8): 1244 –1254.

创新变革产生的多元且复杂的因素，分析共享经济驱动传统产业创新升级路径形成的基本要素和作用机理。在共享经济集聚的创新系统中，大场景环境（landscape）的变化对中观层面社会体制技术发展（social-technology regime）产生的压力，在一定程度上打破了相对稳定的产业状态，为微观层面的利基（niche）创新提供发展空间，促进创新微要素的发展。反之，随着小生境里传统产业创新形态的不断发展和壮大，作用于中观要素，以解除宏观的压力，实现微观、中观和宏观之间相互作用的无限循环的活性创新系统。因此，依据多层次分析框架，综合创新层级路径的要素和机理，形成传统产业创新升级的基本层次框架如图 4 - 1 所示。

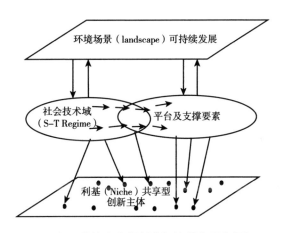

图 4 - 1 传统产业创新升级的基本层次框架

传统产业创新路径生成的过程可以通过以上三个层面不断的迂回作用实现突破和发展。因此，研究共享经济作用下，传统产业创新各要素主体的演进路径，能够厘清共享经济作用下传统产业创新各层级要素以及职能及相互间的作用关系。

4.3.2 层级职能及特征

共享经济业态集聚的创新系统是一个包括了企业和非企业的动态演进系统。创新层级路径演进总体上是由单要素共享向不定要素整合及资源完全开放的多要素、多层级平台演化，因此，各层级担负的职责各不相同。

微观层小生境（niche：project space），又称为利基层（裂隙层），包括创新的萌发、学习与初期发展过程，技术的孵化和成长，以及微要素的变革与新需求的出现。小生境层主要职能是孵化符合社会经济发展需求的创新群落，是依托科技变革而萌生的共享型创新主体。创新主体依据不同产业，形成供需匹配的创新群落，为社会技术域的发展提供新动能。虽然基于不同的前提和条件，但基本特征均是以科技进步为驱动，利用智能网络平台的终端服务，帮助供需双方实现快速匹配；以道德和信任为基础，形成符合社会经济发展趋势的创新型业态群体。

社会技术域（S-T regime），由处于中观层面的社会系统和技术系统构成，包括政策、生产消费、社会价值和文化等社会层面，以及信息、科技等技术层面的主导要素构成。主要职能包含两个层面：一是传递小生境的创新能量，促进自身场域内的变革；二是通过技术的革新与政策的升级，为小生境的创新群落提供适宜的技术支撑和政策环境，从而推动整体创新的不断实现。社会技术域的三个主要特征：一是共享平台是主要技术载体，共享型创新群落驱动可规制共享平台搭建；二是价值网系统的重构，价值主张、价值诉求以及价值实现均与传统相区别；三是政策规制变革需求急迫，急需适宜的政策变革，扶持并拉动小生境创新群落的成长，从而形成指数级增长的网络价值与规模。

环境场景（landscape），是变化较为缓慢的宏观结构层。环境场景的主要职能是对政治、经济、文化和制度等创新的支撑体系起到宏观制约的作用，同时可以间接推动小生境创新实现。环境场景的两个基本特征：一是演进速度缓慢，宏观环境场景层面的量变是中观和微观层面创新行为的无数次质变积淀的过程；二是具有一定的隐性特征和阶段性特征，宏观环境场景可以融合微观层面和中观层面的创新变革，再以浸润的方式给社会经济发展带来颠覆性的影响和变革。

因此，三个层次之间是相互作用、动态演进的过程。小生境中的共享创新群落作为新经济形态，可以影响中观要素层面，成为突破宏观环境场景可持续发展压力的主要动力来源。共享创新主体对资源整合及再分配功能，可以实现环境的保护和资源的永续利用。共享经济强调被忽略的过剩产能和资产的优化配置和充分再利用，成为推动传统产业创新的动力来源。

4.3.3　模型驱动分析

基于以上分析，借鉴生态动力学的研究成果，模拟小生境萌生的共享型创新群体的大小及对其他各层级的作用力。以小生境中创新群体的发展（g）和消亡（d）两方的个体数开始，做出最简单的形式：

$$g = \gamma \times n$$
$$d = \delta \times n$$

其中，γ 和 δ 被视为创新群体发展过程中的扰动项，与 n 无关，但依赖于一些外部参量，包括经济发展水平、资源禀赋、资本存量、政策措施、需求变化、创新意愿以及信任程度等，如果这些因素均为恒定状态，那么有：

$$\dot{n} = \alpha n \equiv (\gamma - \delta) \times n$$

在外部变量 α 的支持下，创新群体或以指数增长，或以指数衰减，临界状态为 $\gamma = \delta$，对于 γ 或 δ 的小扰动是不稳定的，因而不存在定态，这也符合社会经济发展的基本形态，所以系数 γ 或 δ 或两者同时与 n 有关，可得方程：

$$\dot{n} = \alpha_0 n - \beta n^2$$

其中，$\alpha_0 n$ 为创新小群体存在状态；$-\beta n^2$ 则是以由创新群体生存所需的资本和资源消耗引入，这里耗损包括：参与共享群体的减少以及过剩产能的存量以及道德危机和信任危机等，如图 4-2 所示。

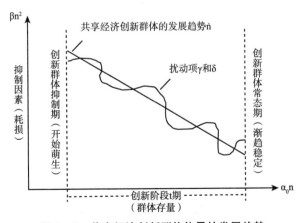

图 4-2　共享经济创新群体体量的发展趋势

创新群体在小生境孕育和发展初期处于竞争与共存阶段，从让消费者认可的新服务和新产品的提供，到资源的争夺，再到阶段时间 t 内实现共存，可得方程：

$$\dot{n}_{jt} = \alpha_{jt} n_{jt} - \beta_{jt} n_{jt}^2, \ j = 1, 2, \cdots, n$$

其中，创新阶段 t 中，$-\beta_{jt} n_{jt}^2$ 为共享创新初期消耗的外部变量。

4.3.4 层级间演进模型

共享创新群体若想生存并对上一层级产生作用，就必须通过适应来改进创新初期 α_{jt} 和 β_{jt} 的比值，同时，借助创新层级中外部变量的作用力，扩充资源存量和市场空间，加大共享开放程度，进一步拓宽共享域。共享创新演进到一定阶段存在的创新群体会与外部诸多变量充分磨合，不再被视为异类的创新群体为大众所接受，并带动外部诸多要素变革实现共生，忽略创新初期的自抑制项 $-\beta_{jt} n_{jt}^2$，从而实现合作模型：

$$\dot{n}_{it'} = (\alpha_{it'} + \alpha'_{it'} n_{jt'}) n_{it'} - \delta_{it'} n_{it'}$$

$$\dot{n}_{it'} = (\alpha_{jt'} + \alpha'_{jt'} n_{it'}) n_{jt'} - \delta_{jt'} n_{jt'}$$

其中，i 和 j 代表不同创新群体；t′代表共享创新的扩大期；$\delta_{it'} n_{it'}$ 为共享创新实现的抑制项。在创新系统的一个循环期内，要想实现"竞争发展"到"常态化"的良性循环，创新群体在 α_{jt} 和 β_{jt} 的比值优化上需要符合：

$$\lim_{t \to t'} \alpha_j / \beta_j \to \infty$$

共享创新群体相互作用，融合共生，扩大共享域，引发共享平台的革新，进入下一阶段的磨合竞争，融合共生，然后再扩大的迂回演进过程，据此，可以构建共享经济作用下的传统产业创新层级路径演进如图 4-3 所示。

在传统产业创新过程中，三个层级间是相互作用的关系。第一，环境场景的可持续发展依托中观和微观的变革而实现，但过程缓慢，实现形态繁杂，不宜量化验证。第二，中观社会技术域的变迁需以小生境发展为动能，是影响小生境创新群体演进的外生变量，此层级良性发展则形成推动小生境健康演进的促进变量，反之则为抑制项。第三，小生境内部创新种群间的竞合关

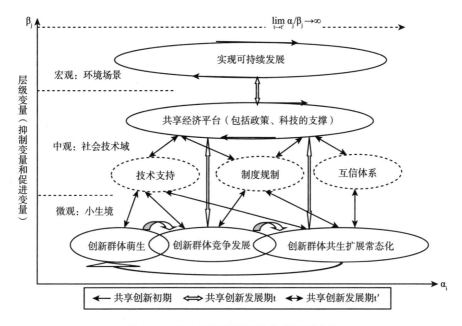

图 4 - 3 共享经济作用传统产业创新升级

系是影响小生境创新实现的内生变量,能够被中观技术域感知,形成与之匹
配的外生环境。由此可见,小生境创新群落间的竞合关系是产业创新实现的
根本动因,创新群落的健康发展是传统产业升级的核心动力。据此,本章将
进一步通过小生境中共享创新群落之间竞合关系模型的构建和验证,为中观
技术域促进变量的生成提供指导。

4.4 数理模型推导及检验

4.4.1 模型假设与推导

基于前面的多层次分析框架及创新发展的演进路径,先考虑共享经济在
层级内部的创新作用,即小生境创新种群的萌生,其中,"种群"是指一定
时空范围内的某一种生物体的集合。种群概念的运用符合共享经济在传统产
业创新初期的特点,可以表述诸多拥有相似资源,参与创新生产的群体集合。
设定相关假设,构建种群局域关系模型和种群区域(多局域)关系模型。根据 Logistic 模型可得：

$$g_t = \frac{dN_{(t)}}{d_t} = \alpha N_{(t-1)} \left\{ 1 - \frac{N_{(t-1)}}{K} \right\} \qquad (4-1)$$

其中，g_t 表示第 t 期种群增长率；N_t 表示第 t 期种群个体数量；N_t/K 表示第 t 期种群占用创新系统内的资源量，创新种群中每个单位占用资源为 $1/K$。

因为 $dN_{(t)} \approx \Delta N_{(t)} = N_{(t)} - N_{(t-1)}$，$d_t \approx \Delta t = t - (t-1) = 1$

所以 $\Delta N_{(t)} = \beta_1 N_{(t-1)} + \beta_2 N_{(t-1)}^2 \qquad (4-2)$

其中，$\Delta N_{(t)}$ 为 t 期种群个体数量的变化量。$\beta_1 = \alpha$，通常 $\beta_1 > 0$，表示种群内部的协同效应。$\beta_2 = -\alpha/K$，通常 $\beta_2 < 0$，表示种群的内部竞争效应，称为内部竞争系数或种群密度抑制系数。

式（4-2）变形为： $\Delta N_{(t)} = \left\{ \beta_1 + \beta_2 N_{(t-1)} \right\} N_{(t-1)} \qquad (4-3)$

若 $\left\{ \beta_1 + \beta_2 N_{(t-1)} \right\} > 0$，则 $\Delta N_{(t)} > 0$。种群内部以协同效应为主，共享资源可以支撑创新种群中个体数量的增加，增长得以维持。若 $\left\{ \beta_1 + \beta_2 N_{(t-1)} \right\} < 0$，则 $\Delta N_{(t)} < 0$。种群内部以竞争效应为主，共享资源难以支撑创新种群中个体数量的增加，增长难以维持。

区域（相邻局域总体）创新种群之间互动关系模型：

$$N_{1(t)} = \beta_{12} N_{2(t)} \qquad (4-4)$$
$$N_{2(t)} = \beta_{21} N_{1(t)} \qquad (4-5)$$

其中，$N_{1(t)}$、$N_{2(t)}$ 为相邻局域同种创新种群在 t 时期的个体数量；β_{12} 为种群 2 对种群 1 的影响系数；β_{21} 为种群 1 对种群 2 的影响系数。

则 Logistic 模型可以修改为：

$$g_{1(t)} = \frac{dN_{1(t)}}{d_t} = \alpha_1 N_{1(t-1)} \left\{ 1 - \frac{N_{1(t-1)}}{K_1} - \frac{\beta_{12} N_{2(t-1)}}{K_1} \right\} \qquad (4-6)$$

式（4-4）代入式（4-6）变形得：

$$\Delta N_{1(t)} = \gamma_1 N_{2(t-1)} + \gamma_2 N_{2(t-1)}^2 \qquad (4-7)$$

其中，$\gamma_1 = \alpha_1 \beta_{12}$，$\gamma_2 = -2\alpha_1 \beta_{12}^2/K$ 可得：

$$\Delta N_{1(t)} = \left\{ \gamma_1 + \gamma_2 N_{2(t-1)} \right\} N_{2(t-1)} \qquad (4-8)$$

可以根据 γ_1、γ_2 的取值来判断种群 1、2 之间的关系。

若 $\{\gamma_1 + \gamma_2 N_{2(t-1)}\} > 0$，则 $\Delta N_{1(t)} > 0$。种群之间以协同效应为主，共享资源可以支撑创新种群个体数量的增加，增长得以维持。若 $\{\gamma_1 + \gamma_2 N_{2(t-1)}\} < 0$，则 $\Delta N_{1(t)} < 0$。种群之间以竞争效应为主，共享资源难以支撑创新种群个体数量的增加，增长难以维持。

由式（4-2）和式（4-7）构建回归模型式（4-9）和式（4-10）：

$$\Delta N_{(t)} = \beta_0 + \beta_1 N_{(t-1)} + \beta_2 N_{(t-1)}^2 + \varepsilon_{0(t)} \tag{4-9}$$

$$\Delta N_{1(t)} = \gamma_0 + \gamma_1 N_{(t-1)} + \gamma_2 N_{(t-1)}^2 + \varepsilon_{1(t)} \tag{4-10}$$

其中，β_0、β_1、β_2、γ_0、γ_1、γ_2 是待估参数；$\varepsilon_{0(t)}$、$\varepsilon_{1(t)}$ 为残差项。

4.4.2　模型验证

依据以上模型，共享经济驱动的传统产业创新是以资源、服务和产品等的共享为基础，借助平台介质实现。共享创新群体或从传统产业内部产生，或独立于传统业态之外，形成新的业态群体。鉴于目前没有连续、统一且全面的统计数据，本章研究数据获取及处理步骤如下：第一，通过对江苏、浙江和上海三地存在共享要素的传统产业进行实地调研，抽样提取不同产业类型创新主体的代表性数据，包括第一产业的共享农庄、第二产业的制造服务共享型企业，以及第三产业的共享民宿等。第二，确定抽样的代表性指标，依据谢贵生等提出的企业种群规模扩大包括种群数量和生产能力两个方面，即通过生产经营活动创造更多价值以获取创新种群生存并壮大的资本[①]。综合考虑投入和产出，构建种群竞合关系的指标体系包括：参与的共享创新主体数、从业人数、投入共享的固资净值、创新业态的总产值以及业务收入和利润总额。第三，分析抽样数据的基本特征，模拟出连续的算例数据，以 A、B、C 分别代表抽样地区，得出创新种群在小生境中竞合关系的计量结果，如表 4-1 所示。

---

① 谢桂生，朱绍涛. 基于 logistic 模型的组织种群共生演化稳定性 [J]. 北京工业大学学报，2016（2）：315-320.

表 4-1 局域种群内部关系

局域（省份）	β_1	β_2	种群内部关系
B	7.844 (2.407)**	-0.000 (-2.569)**	协同大于竞争
A	不显著	-0.000 (-1.804)*	协同与竞争临界点
C	不显著	不显著	

注：*、**分别表示在10%、5%的水平上显著，括号内为T值。

表4-1结果说明，B局域内共享型服务创新种群内部关系表现为协同效应。A局域内服务企业的协同效应不显著，可以通过竞争系数值判断为内部竞争关系，由于β_2值很小，判定为处于协同与竞争的临界点处。C局域内共享型企业的协同效应系数与内部竞争系数均不显著，局域内种群内部关系不是影响种群演进的主要原因。C共享型企业的生产运营行为具有比较明显的外部性。该局域内企业生产经营不仅与本地环境发生互动作用，更多表现为更大区域内的互动关系，因此，局域内种群内部关系不显著。

对相邻局域种群之间关系计量结果如表4-2所示。

表 4-2 相邻局域种群之间关系

局域间影响	β_1	β_2	种群之间关系
A 对 B	3.194 (1.826)*	-0.000 (-2.141)*	协同大于竞争
C 对 B	不显著	不显著	
B 对 A	6.226 (1.850)*	-0.000 (-1.928)*	协同大于竞争
C 对 A	不显著	不显著	
B 对 C	2.356 (3.639)***	-0.000 (-3.848)***	协同大于竞争
A 对 C	不显著	不显著	

注：*、***分别表示在10%、1%的水平上显著，括号内为T值。

观察表4-2发现，A局域内共享型企业与B局域内的相互协同作用明显。C局域内的企业种群与A、B局域内的企业种群均处于相互关系不显著的状态，协同或竞争的关系均不明显，某些局域内的种群特征不明显，可能是由于种群存在跨局域分布现象。

通过模型的构建和验证可见，在共享经济驱动的传统产业创新层级演进路径中，小生境显现出协同发展的态势，参与共享创新的传统企业开放度越高，涉及区域范围越大，创新的协同度越高，推动产业升级的可能越大。这也在一定程度上佐证了共享业态为何最先在服务业萌生，并成功驱动传统服务业创新升级。

因此，在小生境创新群落协同共生态势显著的情况下，中观社会技术域的规制标准和管理措施就需要根据小生境群落发展需求和现状及时更新，从而促进小生境群体的健康发展。宏观场景层的可持续发展则是小生境层面的种群协同和社会技术域的机制协同，以及共同作用的结果。完善传统产业创新升级网络的治理体系，维护创新升级的空间秩序，能够实现产业间及创新层级间的共生共荣。

4.5　本章小结

4.5.1　主要结论

本章将传统产业创新的实现路径放置于多层次分析框架中，在共享经济驱动的视阈下进行讨论，可以得出以下结论。

（1）共享经济驱动的传统产业创新路径是可持续演进的活性发展路径。可以促进社会经济可持续发展，缓解宏观环境场景对于传统产业的压力，可以保护有限资源并稀释过剩的产能，优化资源配置，促进资源永续利用的实现。微观上共享型创新企业的成功运营，已经证明小生境中的创新群体可以突破萌生期的各种耗损变量，实现演进；创新平台的扩大显示共享创新域在不断扩展，借助其他层级促进变量的作用力，融合共生形成多方参与过剩产能交易的健康的共享经济市场。

（2）在各层级内部及层级间，构建协同大于竞争的演进关系是传统产业实现共享创新的主要途径。需要培育小生境创新群体，重视社会技术域主体共享的新型商业平台建设。建立管理规制和强化互信体系，可以在一定程度上弱化路径演进过程中外部抑制变量的影响作用，弥补市场运行的缺失，实现创新各层级的协同发展。

4.5.2 政策建议

共享经济驱动传统产业实现创新升级，路径演进过程应该形成协同大于竞争的良性循环系统，最终构建产业可持续发展的宏观创新环境，符合当下中国的发展方向。因此，应当尽快完善共享经济驱动的产业升级政策，积极加强对共享经济业态的引导，扶持小生境中创新群体的发展，协调并规制利益相关者，促进各层级创新协同的实现。具体有以下三点政策建议。

（1）政府需要积极引导共享业态的发展，严格规制共享平台的运营，为传统产业的创新实现保驾护航。共享经济作用并实现传统产业创新，主要依赖于新型商业平台的搭建，帮助消费者之间实现匹配，促进层级间的互动。因此，对共享平台的有效规制，可能解决风险创新群体交易过程中所存在的道德危机问题，并能在交易收益中节省一大笔经费。经济利益的趋同，促进多方主动参与共享平台，实现平台的中介作用，能够作为促进变量调节创新系统的内部循环。

（2）完善相关法规制度的同时，积极解决新业态培育过程中社会道德发展的乱象，构建社会主导的道德体系，以此解决创新初期小生境层所存在的道德风险对创新系统产生的抑制问题。重视突破局域限制的跨层级协同关系的构建，因为小生境创新事实上需要借助于社会技术域的外部变量，解决面对共享经济不断扩展而出现的市场缺陷问题，例如，由于信息不对称所产生的道德风险，出租人对物品共享者选择的困难过程。道德风险和选择过程的困难作为抑制变量如果不断增大将直接影响 α_{jt} 和 β_{jt} 的比值，缩减共享资源，降低共享开放程度，导致创新群体的指数级衰减。共享平台参与者和小生境创新群体的奖惩和监督机制的建立，在创新竞争和发展期是控制抑制变量的有效方法。

（3）政府应该进一步完善征信制度，积极推进新业态环境中互信体系的建立。创新业态下的信任机制构建是创新群体共生并常态化发展的必然要求，互信体系的完善能够削减创新发展过程中抑制因素的作用，允许处于创新过程不同阶段的共享经济参与主体共存，例如一些处于早期创新阶段的参与者虽然占有先期优势，但创新后期的参与者依然会考虑加入共享经济中，根据主体需求推动新一轮创新。互信体系和技术进步一样，从根本上推动传统产业创新自循环系统的运行，一个阶段的创新趋于常态化；另一个阶段创新趋于萌发，实现产业创新的良性循环。

第5章　共享视阈下的服务业组织创新效率[*]

5.1　问题提出

5.1.1　服务业的细分领域选取

共享经济最早出现在旅游产业，形成共享住宿（爱彼迎）、共享交通（优步）和共享服务（东南亚网约车和送餐平台公司 Grab）等多种业态形式，显现出极强的创新力[①]。通过个体资产和服务以有偿或无偿形式在私有个体之间实现共享或交易，成为互联网时代催生的典型商业模式[②]。因此，本章内容将以服务业中的旅游产业为例，开展深入研究。

旅游产业创新与共享经济之间具有天然的联系，依据已有研究文献，可提炼出三个维度的耦合关系：一是旅游的基本产业形态、领域与共享经济业态的实现领域相契合。共享经济是为个体之间创造和分享物品、服务、空间和金钱的一种经济模式，在金融、空间、食物、交通、服务和知识等领域得以快速发展（Stephen，2016）。因此，共享经济的特性与存在形式已经涉及旅游业六大基本要素中的诸多产业部门，例如吃（食物）、住（空间）、行（交通）、游（体验）等（Cheng，2016）。二是旅游产业创新的实现与共享经

---

* 戴克清，苏振，黄润．"互联网+"驱动中国旅游产业创新的效率研究 [J]．华东经济管理，2019，33（7）：87-93．

① Belk R. Why not share rather than own？ [J]. Annals of the American Academy of political and Social Science, 2007 (611)：126-140.

② Belk R. Sharing [J]. Journal of Consumer Research, 2015 (36)：715-734.

济的实现介质相契合。网络科技的发展是旅游传统企业创新的主要驱动力，同时也是共享经济实现的主要介质。旅游具备的互通和交流的基本特征与共享经济平台搭建的基本目的相契合（曹丹，2017）。两者均是依赖于信息科技的发展，借助富有创造性的中间商创造的网络平台与消费者之间实现匹配（Weber，2014、2016）。三是共享经济与旅游产业的参与基础和交易前提存在交集。两者均是以大众参与为基础，是理性行为人的一种感性需求（Belk，2014）。共享经济是由"社会性共享"向"经济化共享"演进的经济活动，具有一定的公众性、感知性和利他性，因而参与主体的最大特征是产权的分离和交易费用的计算（戴克清，等，2017）。旅游产业中的理性人在追求旅游体验的最大化时，也会跳出新古典经济学的范畴，形成旅游体验、旅游资源可持续性保护等的需求，诸多旅游要素成本价值的难以量化，造成旅游产业亦常以交易成本计算（Markard，2012）。因此，旅游产业创新的实现过程与共享经济的天然耦合关系，使共享经济业态模式成为培育旅游产业创新的沃野。

5.1.2 研究机理

贝尔克（2014）从协同消费和对等经济的角度分别指出，共享经济已经成为推动个体通过提供物品和服务供给终端用户[①]，获取收入从而改变单一收入形式的颠覆性力量，是个体参与诸如租赁或交易物品、服务、交通工具、空间等获取收益的经济形式[②]。阮晓东认为，共享经济使经济社会中的每个个体同时成为"拥有者"和"消费者"[③]，实现需求端和供给端的有效整合，具有极强的产业爆发力[④]。共享经济降低了大众参与旅游行业并实现创新的门槛，通过改变传统的旅游产业生态模式影响着旅游产业创新效率水平[⑤]。

① Belk R. You are what you can access：Sharing and collaborative consumption online ［J］. Journal of Business Research，2014，67（8）：1595 – 1600.

② Geron T. Airbnb and the unstoppable rise of the share economy ［J］. Forbes，2013（1）：195 – 200.

③ Mohlmann M. Collaborative consumption：Determinants of satisfaction and the likelihood of using a sharing economy option again ［J］. Journal of Consumer Behaviour，2015（5）：225 – 230.

④ 阮晓东. 共享经济时代来临 ［J］. 新经济导刊，2015（4）：54 – 59.

⑤ Guttentag D. Airbnb：Destructive innovation and the rise of an informal tourism accommodation section in Tourism ［J］. Current Issues in Tourism，2013（3）：1 – 26.

　　共享经济等新经济联系最为密切的技术创新点"互联网＋"科技，驱动旅游产业创新实现的过程不可笼统而论，在不同时期和不同的作用条件下，创新实现的机理各不相同（成文，2014）。本部分则从经济新形态形成初期切入，考虑共享的技术性特征在旅游产业创新过程中的逻辑与机理。同时，突破常规测度只考虑"投入—产出"而忽略中间过程的"黑箱"测度，综合考虑创新的不同过程机理，以及不同时期和地区，结合旅游信息化和共享经济商业模式创新的产业发展要求，采用两阶段 DEA 方法对旅游产业创新效率进行测度，如图 5 - 1 所示。

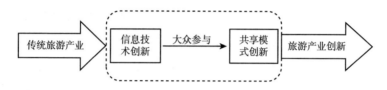

图 5 - 1　两阶段创新效率测度的研究机理

　　共享业态的基本介质"互联网＋"传统旅游产业到实现创新，中间经历：第一阶段的信息技术创新，即通过传统旅游产业融合信息技术完成；以及第二阶段的共享模式创新，即依托大众在旅游产品提供和消费环节中主动应用新技术和新产品，形成新业态的创新过程。其中，"大众参与"是赋予创新的信息技术以生命力，由此引发下一阶段"共享模式"的形成。因此，"大众参与"是信息技术和共享经济应用和实现的基础，更是两个阶段结合实现创新的中间桥梁。据此，形成本章的研究机理，即以大众参与为中间投入，构建两阶段模型，充分利用当下有限的统计数据，对旅游产业创新进行分阶段测度。

5.2　研 究 方 法 与 指 标 数 据

5.2.1　研究方法

5.2.1.1　NSBM 模型

本章选用托恩（Tone，2009）提出的考虑松弛变量的网络 DEA 模型

（slack based measure network data envelopment analysis，NSBM），是适合分析决策单元内部每个子单元效率的一种非径向 DEA 模型。NSBM 方法应用领域比较广泛，特别是对科技创新等软性指标具有良好的可接纳性，因而多被应用于包括产业创新、技术创新等效率测度的研究（Fare，2000）。同时结合克洛普（Klopp G，1985）提出的窗口分析方法，突破大部分传统 DEA 只能做截面数据的局限，基于时间维度，运用面板数据对我国省级地区旅游产业创新效率实施跨期测算。

以国内 30 个省级地区为决策单元 DMU_i（$i = 1,2,\cdots,n$），$n = 30$，生产过程包括两个 Node（k,h），表示从节点 k 到节点 h，对应 k（$k = 1,2,\cdots,k$）个节点，在不考虑非期望产出的情况下，有 mk 个投入和 rk 个产出，其中，$X_j^k \in R_+^{mk}$，$Y_j^k \in R_+^{rk}$。运用两阶段 NSBM 考虑技术应用环境因素产出的可能前沿（$k = 2$），把个体要素应用信息技术的情况作为中间变量测算对产出效率的影响，采用在规模报酬可变的假设下，测度各省旅游产业创新的纯技术效率，反映决策单元与生产前沿面之间的距离，有基于投入导向 VRS 的 NSBM 模型生产可能性集 P 定义如下：

$$
P\begin{cases}
X^k \geqslant \displaystyle\sum_{j=1}^n x_j^k \lambda_k^j (k = 1,2,\cdots k) \\[2mm]
Y^k \leqslant \displaystyle\sum_{j=1}^n y_j^k \lambda_k^j (k = 1,2,\cdots k) \\[2mm]
z^{(k,h)} = \displaystyle\sum_{j=1}^n z_j^{(k,h)} \lambda_j^k \\[2mm]
(\forall_{(k,h)}^{y'} \text{ 为 k 环节产出}) \\[2mm]
z^{(k,h)} = X^k \geqslant \displaystyle\sum_{j=1}^n z_j^{(k,h)} \lambda_j^k \\[2mm]
(\forall_{(k,h)}^{x'} \text{ 为 h 环节产出}) \\[2mm]
\lambda \geqslant 0 (\forall (j,k)) \\[2mm]
\displaystyle\sum_j^n = 1, \lambda_j^k = 1 \\[2mm]
(\lambda \geqslant 0, k = 1,2,\cdots k)
\end{cases} \tag{5-1}
$$

采用自由连接指标（free intermediate type），即中间变量可自由处置和变化，$t(k,h)$ 代表 Node (k,h) 集合上的中间指标，中间指标 $z_j^{(k,h)} \in R_+^{t(k,h)}$，包括中间产出 $t_{(k,h)}^{y'}$ 和中间增加投入 $t_{(k,h)}^{x'}$，满足下列等式：

$$z_0^{f(k,h)} = \sum_{j=1}^{n} z_j^{f(k,h)} \lambda_j^k + s_0^{f(k,h)}$$

其中，中间产出 $t_{(k,h)}^{y'}$ 满足：

$$\sum_{j=1}^{n} z_j^{f(k,h)} \lambda_j^k = \sum_{j=1}^{n} z_j^{f(k,h)} \lambda^h$$

决策单元 DMU_{j_0}（$j_0 = 1,2,\cdots,n$）对应 (x_0, y_0)，表示如下：

$$x_0^k = X^k \lambda^k + s_x^{k-} (k = 1,2,\cdots,k)$$
$$y_0^k = Y^k \lambda^k - s_y^{k+} (k = 1,2,\cdots,k)$$
$$_e\lambda^k = 1 (k = 1,2,\cdots,k) \qquad (5-2)$$
$$\lambda^k \geq 0, \ s_y^{k-} \geq 0, \ s_y^{k+} \geq 0 (k = 1,2,\cdots,k)$$

其中，s_x^{k-}，s_y^{k+} 是投入产出的松弛变量；$\lambda^k \in R_+^n$ 是子环节 k 的权重向量。

基于规模报酬可变的投入导向 NSBM 模型中决策单元 DMU_{j_0} 的整体 $P_0 = \min \lambda^k, s^{k-} \sum_{k=1}^{k} w^k \left(1 - \frac{1}{m^k} \sum_{i=1}^{m_k} \frac{s_{io}^{k-}}{x_{io}^k}\right)$ 效率 P_0 和 P_0^* 表示如下：

$$\sum_{k=1}^{k} w^k = 1 (w^k \geq 0)$$
$$\sum_{0=1}^{n} w^k \lambda_0^k = 1 \qquad (5-3)$$

其中，w^k 是子环节 k 的相对权重，当 λ^{k*}，s^{k-*}，s^{k+*} 为模型（5-3）的最优解，则有 DMU 整体和子环节最优解 P_0^* 和 P_K^* 如下：

$$P_0^* = \sum_{k=1}^{k} w^k \left(1 - \frac{1}{m^k} \sum_{i=1}^{m_k} \frac{s_{io}^{k-}}{x_{io}^k}\right)$$

$$P_k^* = 1 - \frac{1}{m^k} \left(\sum_{i=1}^{m_k} \frac{s_{io}^{k-*}}{x_{io}^k}\right)$$

当 $P_0^* = 1$ 或 $P_k^* = 1$ 时，说明 DMU 在整体或子环节上是 DEA 有效，当

$P_0^* < 1$ 或 $P_k^* < 1$ 时，表示 DMU 在整体或子环节上是 DEA 无效，当 DEA 无效时可以得出各指标的松弛变量，从而获得调整值。

5.2.1.2　全要素生产效率测度及其分解模型

ML 指数则是在生产可能性边界和距离函数的基础上求解 t 到 t + 1 期四个方向性距离函数 ML = TEC × TC = PTEC × SEC × TC，其具体表达式及分解式如下：

$$ML_t^{t+1} = \left[\frac{1 + \vec{D}_0^t(x^t, y^t, g^t)}{1 + \vec{D}_0^t(x^{t+1}, y^{t+1}, g^{t+1})} \times \frac{1 + \vec{D}_0^{t+1}(x^t, y^t, g^t)}{1 + \vec{D}^{t+1}(x^{t+1}, y^{t+1}, g^{t+1})} \right]^{1/2}$$

$$TEC_{t,t+1} = \frac{1 + \vec{D}^{t+1}(x^{t+1}, y^{t+1}, g^{t+1})}{1 + \vec{D}^t(x^t, y^t, g^t)}$$

其中，t 或 t + 1 期对应的数据集为当期方向性距离函数，当 ML 指数大于 1 时表示生产率增长，反之则为下降。技术效率变化（TEC）表示 t 到 t + 1 期决策单元在技术效率上追赶生产前沿的程度，大于 1 为距离缩小，反之则为扩大。

5.2.2　指标说明

鉴于对"互联网"的政策与研究最早均始于 2010 年，共享经济在国内外发起也在 2010 年前后，因此，一是本部分选用共享业态形成最初的连续 6 年作为初始测度期。二是共享模式目前典型地应用于旅游业的吃、住、行三个主要部门，为尽可能实现效率测算的精准性，在行业固定资产投入指标中相应地也只采用住宿、餐饮和交通三个主要部门的投入之和计入测算投入指标。三是数据来源于《中国统计年鉴》《中国年度统计公报》《R&D 普查公报》《中国旅游统计年鉴》的官方可得数据，在国家统计局网站上可查。但是 2010 年《中国统计年鉴》中，西藏地区的部分重要指标值缺失，且填补数据的误差会影响其他地区效率测算，故舍弃。港澳台也未做考虑。

综上所述，确定一阶 k 期投入指标 X_1、X_2、X_3，中间变量指标 Y_1，二阶 h 期增加投入指标 X_4、X_5 及最终产出指标 Y，构建旅游产业创新效率评价指标体系如表 5 - 1 所示。

表 5 - 1   旅游产业创新绩效投入—产出指标

指标属性	指标变量	指标含义	评价目的
信息技术创新阶段	X_1	信息技术固定投入	信息技术要素
	X_2	R&D 经费	产业创新要素
	X_3	旅游科技研发单位与旅游人才培养机构数	创新人力资本
中间变量	Y_1	互联网用户量	信息科技应用率
共享模式创新阶段	X_4	旅游从业人员数	产业劳动资本
	X_5	旅游产业固定资产投资	产业资本要素
最终产出	Y	旅游产业总收入	产业经济总量

资料来源：《中国统计年鉴》《中国年度统计公报》《R&D 普查公报》《中国旅游统计年鉴》。

相关变量指标及数据处理说明如下。

（1）信息技术创新阶段（k 期）：信息技术固定投入是指信息传输、软件和信息技术服务的固定资产投入（万元），选取原因是共享经济"去中介化"和"再中介化"特征让信息科技在旅游产业创新过程中发挥了重要作用，使互联网成为社会群体参与产业创新的基本平台。信息科技迅速发展的基础是技术创新，R&D 对增强技术创新能力和促进生产率增长的显著作用已有论证（严成樑等，2013）。旅游信息科技研发与人才培养机构是促进信息技术与旅游产业相关个体要素充分结合的基础，是人及其所拥有的资源要素得以转化为产业创新的智库，对创新效率有直接影响。核心要素是具备旅游理论发展研究、科技研发和人才培养能力的大专院校数量。

（2）共享模式创新阶段（h 期）：首先，选取互联网用户量（万户）作为"大众参与"的典型指标，成为两阶段过渡的桥梁，选取原因如下：一是互联网用户量是信息技术的直接应用载体和共享经济的直接参与主体，金红（2017）提出，企业或其他法人单位已经纳入国家统计制度，但是居民通过共享平台进行生产活动漏统的可能性较大，在研究共享经济活动时需要考虑居民的统计量。因此，虽然无法从"互联网用户量"中精确剥离共享经济的参与人数，但在一定程度上这一指标可以弥补参与共享主体的漏统数据。二是互联网作为共享经济商业模式与旅游业结合的基础介质，参与其使用的人群可视为旅游业直接、间接或潜在的从业者和消费者。其中，直接从业者依托信息科技实现个体服务、资源及旅游信息等的提供，游客则借助互联网等信息平台进行相应的选择消费，因此，这一指标应为信息技术应用和共享模式形成的支撑性指标，直接影响个体要素参与旅游产业创新的水平，对旅游创新总收入具有显著的影响。其次，以从业人数（人）作为二阶段投入指标，一则考虑企业及法人单位参与生产经营的人员数是对参与共享的居民人员数的有益补充；二则旅游传统企业和单位，例如餐饮、住宿和景区是最易实现共享创新的传统业态，应该纳入测度的指标体系。最后，固定资产投资包括交通运输、住宿和餐饮业的固定资产投入（亿元）是旅游产业发展的基础性指标。程（Cheng，2016）认为，共享经济最早、最成功及影响最大的业态形式即来源于旅游产业的吃、住、行和游，因此，从业人数和固定资产投入两个指标能够与共享经济在旅游产业创新的基础环境要素相契合，可以作为 h 期的增加投入。

5.2.3　数据检验

由于在运用 NSBM 模型测度产业创新效率时，选取的样本指标中投入与产出的关系具有一定的内隐性，需要分析样本投入产出之间是否符合等张性，因此，本章采用 Pearson 相关性分析对样本数据进行检验（见表 5 – 2）。

表 5 – 2　　　　　　　　投入产出变量间的 Pearson 相关性

项目	x_1	x_2	x_3	y_1	x_4	x_5	y
x_1	1						
x_2	0.778 **	1					
x_3	0.489 **	0.462 **	1				
y_1	0.729 **	0.798 **	0.592 **	1			
x_4	0.585 **	0.615 **	0.622 **	0.717 **	1		
x_5	0.553 **	0.569 **	0.517 **	0.675 **	0.494 **	1	
y	0.732 **	0.793 **	0.587 **	0.797 **	0.674 **	0.632 **	1

注：** 表示在 5% 的水平上显著。

通过 Pearson 检验可见，每个阶段的投入和产出指标均在 1% 显著性水平上正相关（P > 0.4），而各阶段投入指标之间也没有强线性关系（P < 0.8）（智冬晓，2009）。因此，采集的数据所建立的效率测度模型有效。

5.3　效率值的测定和结果分析

5.3.1　旅游产业创新效率整体评价

由于各地区旅游产业发展的最优规模无法界定，因此，本章基于规模收益可变（VRS）的假设前提进行测度，测算软件是 MaxDEA，测算出整体纯技术效率值（见图 5 – 2）。

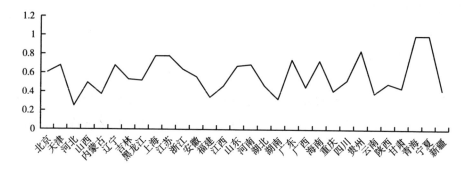

图 5 – 2　测度期效率均值

注：依据已有相关文献的研究方法设定：PTEvrs = 1 为有效；0.8 ≤ PTEvrs < 1 为效率较高；0.6 ≤ PTEvrs < 0.8 为效率中等；0.4 ≤ PTEvrs < 0.6 为低效率，PTEvrs < 0.4 为无效率（马占新，2010）。

整体上看，在规模收益可变前提下全国旅游产业创新的纯技术效率（PTEvrs）6 年均值整体表现偏低，仅为 0.583，但总体呈上升趋势，从基期的增长率为 13.2%，说明科技进步和共享经济对旅游产业创新产生了显著的推动作用。各省份之间创新效率差距较大，总体上是中国东部省份（含东北地区）创新的纯技术效率普遍较高，西部和中部地区相对较低。其中，西部地区在效率测度过程中，由于 DEA 测度方法的局限导致在投入导向下低数值输入指标造成的 PTE 分值增加，其中，青海和宁夏的输入指标值非常低，所以出现整体效率和阶段效率均在生产前沿面上，由于两省份创新基值低于全国大部分地区，创新效率测度出现极端值无法与其他地区同等研究，因而在区域创新效率比较中作误差值处理。

国内 30 个省份旅游产业创新效率较高的是贵州、广东、江苏、上海和海南，效率均值超过 0.7，其中，贵州作为《纽约时报》公布的世界上值得到访的旅游目的地之一，以其优质的资源禀赋和优势产业地位，在产业创新上得到较好的发展。广东作为大型旅游集散地，是东部信息科技发展优势地区，连续 3 年实现 DEA 有效，上海与其相似。江苏省整体效率值相对偏高，尤其是在 2010 年就达到 0.8 以上，部分原因在于 2009 年镇江最先提出并推行智慧旅游建设，作为信息科技作用于旅游产业创新理念的发源地，旅游产业相关者能积极运用信息科技实现商业模式创新，对区域创新效率产生较大推动。海南省作为国际旅游岛，旅游业是国民经济的支柱产业和龙头产业，也是区域最具特色和潜力的外向型产业，在确立了依托独特生态优势走国际化发展道路的方针后，产业发展定位要求海南省必须依托信息科技驱动旅游产业实现创新，特别是 2009 年 12 月国务院颁布的《推进海南国际旅游岛建设发展的若干意见》，对 2010 年后连续几年海南旅游产业创新效率保持较高水平起到直接的推动作用。河北省旅游产业创新效率最低，不足 0.3，从投入指标的松弛变量可以看出，其创新效率受京津两地影响较大，在一定程度上影响河北的创新效率。

5.3.2　旅游产业创新效率子阶段分析

整体纯技术效率分值无法分辨各地区旅游产业创新发展存在的具体问题，但子阶段效率却可以清晰地反映。将测度对象的两子阶段值散点分布于矩阵中（见图 5-3），以"信息技术发展阶段效率值（Node1）"和"商业模式创新阶段效率值（Node2）"分别作为横纵坐标，以 PTEvrs≤0.6 < PTEvrs 为界限，划分四个象限：象限 Ⅰ 为两阶段效率值均较好的地区（占 20%）；象限 Ⅱ 为技术发展效率较差，但商业模式创新水平较好的地区（占 30%）；象限 Ⅲ 为两阶段效率都不足的地区（占 46.7%）；象限 Ⅳ 为技术发展效率高而商业模式创新不足的地区（占 3%）。

第一象限在信息技术发展阶段和商业模式创新阶段的效率都相对较高。

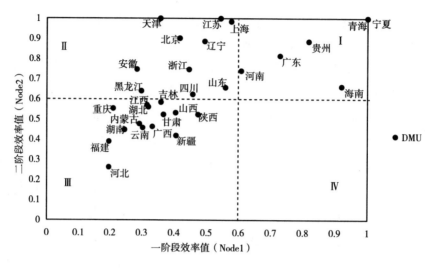

图5-3 旅游产业创新两阶段效率矩阵

其中，贵州是各年度两阶段效率都较高的省份，在第一阶段2011~2013年效率值均达到0.8以上，2014年和2016年均实现DEA有效。贵州在二阶段效率整体上高于一阶段，尤其是2010年，尽管一阶段效率相对偏低，仅为0.468，但是在有限的技术水平发展状态下，在第二阶段却达到0.817的较高绩效，这说明不处于创新优势区域的贵州省虽然资金和人才的相对匮乏导致信息技术和创新投入规模小，但区域旅游产业的突出地位激励旅游从业者积极将有限的信息技术和旅游产业相融合，以满足对信息技术使用率较高的大量外来游客的服务，形成资源服务供给方和需求方依托信息技术实现较好匹配，促进商业模式的创新融合，因而出现产业创新的整体效率和二阶段效率较高的情况。广州和河南属于两阶段发展效率较为均衡的地区，尤其是广州处于珠三角信息产业集聚区，信息技术创新能力强，同时身为目的地和客源地拥有巨大的旅游集散功能，信息技术推动商业模式创新能力强，因而2012~2015年均实现两阶段DEA有效。海南是30个测算地区中唯一一阶段效率均值（0.932）高于二阶段（0.671）的，且一阶段连续4年实现DEA有效，而二阶段是测度的5年均未实现DEA有效。部分原因在于海南作为国际旅游岛，需要实现旅游目的地建设和服务的国际化标准，信息技术水平在国家支持和地方政府重视下得到很好的发展，但是信息技术高速发展和巨大优势并没有完全融合于旅游产业，旅游从业者依托信息技术实现产业创新的能力不足。

第二象限大部分属于东部地区，具备较强的技术转化能力，旅游从业人员可以将信息技术与资源和服务充分融合，促进产业创新。其中，江苏和天津两地，在第二阶段连续 6 年处在前沿面上，而上海、北京、辽宁和黑龙江的二阶段效率也很高，其中，上海实现 4 年 DEA 有效，效率均值达到 0.986，北京效率均值也达到 0.909。但是这些地区存在的共性问题是在信息技术发展阶段的效率并不高，分解到每一个指标，依据对松弛变量的分析可见，这些地区信息技术固定投入和创新经费投入冗余较多，即投入的创新经费被单纯用于旅游产业信息技术革新的并不多，因而导致在技术创新阶段纯技术效率水平发展较差，但是由于旅游产业对于信息技术的吸引和转化能力较强，极大地提升了旅游产业创新的整体效率。

第三象限属于两个阶段效率都较低的区域，观测各个投入指标的冗余值并结合各地区旅游产业创新发展状况，可得原因如下：信息技术在旅游业创新投入虽大，但创新理念不明确导致从业人员对于信息与资源的共享程度不高；政策支持不足导致区域旅游产业对于信息技术的吸引和转化能力较弱；旅游从业人员创新意愿不强烈导致创新能力欠缺。

5.3.3 旅游产业创新全要素生产率变动及其分解

为了进一步了解国内 30 个省级地区旅游产业创新效率的动态变化，本章将 NSBM 和 ML 指数模型相结合，运用 DEAP2.1 软件进行运算，得出考虑信息技术和共享经济模式综合影响变化的全要素生产率变动指数（TFP）及其分解指数：技术变动指数（TEC），代表技术效率变动，是生产靠近当期生产前沿边界的程度，技术效率变化进一步分解可以得到纯技术效率变动指数（PEC）和规模效率变动指数（SEC）。全要素生产率变动是考虑除去劳动、资本、土地等投入要素之后的剩余价值，产出增长率超出全部要素投入增长率的部分即为全要素生产率的增长率，其变动主要来源于效率的提升、技术的进步和规模效应。对于全要素生产率变动的测度及分解可以清晰地了解影响旅游产业创新效率变化的具体因素（见图 5-4）。

首先对于全要素生产率变动，指数大于 1 表示考虑全部投入要素的 6 年

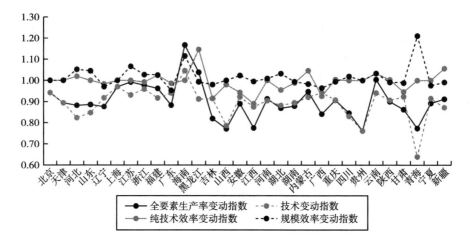

图 5 - 4　旅游产业创新全要素生产率变动及分解

生产率总体出现增长，相反则表示效率是下降的。按照东部地区（含东北地区）、中部地区和西部地区横坐标的依次排列，可见各地区生产率变动值具有一定的区域性特征，其中，东部地区京津冀鲁辽环渤海地区效率值（均值 0.899）明显低于长三角的苏浙沪地区（均值 0.985），而中部和西部地区生产率值也是普遍偏低。创新水平和能力也存在一定的溢出效应，创新效率高的地区会对周边地区产生一定的溢出影响，例如东部旅游产业创新优势区就存在江苏（0.995）和上海（0.972）的全要素生产率变动拉动长三角的整体水平（徐德英等，2016）。特殊的几个地区，海南（1.168）和云南（1.006）是两个峰值，表明在测度期这两个地区旅游产业创新全部投入要素的总体生产率明显增长，也就是说在信息技术、技术研发和创新、人力资本作用和产业基本投入等多要素生产率水平实现了较快增长。而山西、江西、贵州生产率的变动指数处于最低值，结合两阶段效率，山西和江西属于两阶段创新绩效都很低的地区，而贵州则是属于创新绩效水平很高但全要素生产率却明显下降的地区，说明这四个地区在效率测度期，旅游产业创新低效率地区的相对效率没有得到有效提高，而高效率地区也没有开拓产业创新的新空间。

由分解指数可见，总体上创新效率高的海南、云南及长三角的苏浙沪地区主要是依靠规模和技术效率共同推动实现，而效率较低的贵州、山西、河北和江西则是技术效率较低，其旅游产业创新效率多依靠于规模效率的拉动。

其他地区三个分解效率变化相对平缓，符合全要素生产率变化的基本趋势。

5.4　本章小结

5.4.1　研究结论

中国旅游产业在"互联网＋"的融合驱动下实现的创新，在 2010～2016 年发展成效显著。测度期效率水平虽整体偏低但呈稳步增长的趋势，从测算基期到末期增长率超过 10%，增长速度较快。整体效率水平分布特征是东部最高、中西部次之，各地区旅游产业创新效率拥有较大的提升空间。

创新效率在两个子阶段效率上的不均衡发展是影响测度地区整体效率提升的主要因素。信息技术的应用效率以及与共享经济型商业模式融合效率的差异，形成的特殊效率水平地区的存在，说明整体效率水平受信息技术发展水平或共享经济商业模式运作水平影响显著，同时阶段效率水平则受地区资源禀赋、政策支持、产业地位、创新理念和区域环境等影响，因而影响中国旅游产业创新因素是多样且复杂的。

信息技术驱动，并能够与共享经济等创新型商业模式充分融合，是实现旅游产业全要素生产率水平提升的重要手段。在 2010～2020 年间获得了持续发展，2020 年"疫情"之后数字化作用更加凸显，对于商业模式的创新要求也面临新的挑战。因此，"互联网＋"驱动旅游产业实现创新的基础是充分利用信息技术创新效用的同时加大对新型商业模式，例如，共享经济型企业的扶持力度促使两者充分融合发展是提升旅游产业创新效率的有效途径。

5.4.2　研究启示

依托区域优势，从整体上优化产业创新的不同阶段。东部地区需要依托良好的经济基础和快速发展的信息技术，以外向型经济和先进的创新理念及政策导向为引领，鼓励旅游从业人员主动参与并大胆创新，开拓新型旅游商业模式；中部地区则需要在创新意识、资源、科技、人才等多个层面根据自身区域特质寻求突破；西部地区则需要继续依托优厚的资源禀赋，积极引进先进的信息技术，培育旅游专业高层次人才，实现技术和理念的创新突破。

实施差异化战略，在细节上强化两阶段所依托的相关要素创新。各地区需要限制盲目投资，优化产业发展所需的智力投入，重点调节投入要素的质量，提高从业者信息技术使用、产业运营模式创新和服务水平提升的能力。依据地区资源水平，明确旅游产业地位及发展方向，给予相应的政策支持。通过旅游产业产出主体的多元化和普遍化，使信息科技的发展可以创造大量的旅游新业态和新服务，强化互联网与资源的融合共享，提升产业创新效率。

进一步深化和拓展"互联网＋"传统旅游产业创新的过程机理，鼓励信息技术的创造性应用和更多商业模式的不断涌现。由于旅游业是信息密集型产业，在实现产业创新过程中对于信息技术有根本性需求，而共享经济只是旅游产业创新的一种商业模式而非全部。需要以信息技术的发展为基石，扶持共享经济等新业态的发展，积极面对"互联网＋"驱动创新过程中存在的问题，鼓励旅游从业者和意愿从业者依据区域经济水平和区位特点，探索适合区域旅游产业发展的最优模式。

第6章 共享视阈下影响服务业创新的因素

6.1 问题提出

6.1.1 组织视角

通过上一章对于新业态下旅游产业创新绩效的研究，从组织视角完成了对共享视阈下服务业创新的效率分析，具体结合已有研究，以国内30个省级地区在共享业态形成的初始周期内创新发展为对象，运用基于松弛变量的网络DEA（NSBM）模型，获得创新效率值。本章将继续基于对效率测度显示的冗余值分析，提出可能影响新形态创新效率的相关假设，再结合Tobit分析逐一验证。希望能够找到制约新形态产业创新实现的影响因素，以期突破各区域旅游产业创新瓶颈，进一步明确在共享经济影响下旅游产业创新效率提升的路径。

通过对"旅游产业创新"相关文献的梳理，发现在以往文献中，旅游产业创新的研究仅限于产业集群、产业网络关系等传统视角，将旅游产业创新置于共享经济领域的研究不多。通过对"共享经济"相关文献的梳理，发现在以往文献中，主要聚焦共享经济业态形式、发展趋势等，与产业相结合的研究尤其是旅游产业，文献较少。以往文献分别从信息科技作为共享经济发展的基础介质层面，和"互联网+"与传统旅游产业融合的层面的论述。目前没有文献将两者融合，以促进旅游产业创新。因此，通过文献梳理，厘清了共享经济促进旅游产业创新的机制，如图 6 - 1 所示。

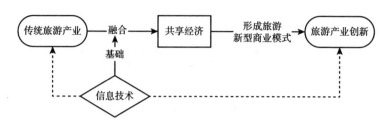

图 6 - 1　共享经济作用下旅游产业创新实现过程

信息科技是共享经济业态形成的技术载体，而共享经济与旅游产业的深度融合，催生了旅游产业的共享新业态，是当前实现旅游产业创新的主要路径。共享商业模式下的创新绩效，直接反映了共享经济在旅游产业的创新附加值，值得深入研究。

6.1.2　个体视角

从个体视角，在生产方式的演变过程中，技术创新带来的组织形态变革必定早于劳动方式的改变，劳动方式的改变也必然早于人力资本心理状态的变化。因为，技术创新破坏原有的劳动方式，劳动方式革新必然要求组织形态的相应变革，组织形态变革则会对劳动者固有劳动模式、生理心理状态产生冲击，甚至是一种颠覆式的破坏。参照本书在第 2 章和第 3 章对于新经济以及技术破坏性问题的论述，技术进步改变了规则，产业从实体转向虚拟，社区从线下转到线上，因此，虚拟社区中人们显示出的共享意愿，可以作为个体视角的重要研究对象。在技术创新的冲击下，服务业的虚拟社区更早、更充分地反映了劳动者参与知识、经验分享对于产业创新发展的影响。例如在旅游产业中，随着旅游需求由传统的观光游向深度体验转变，虚拟社区日益成为游客获取优质旅游体验的重要平台，得到越来越多的关注。特别是信息科技的进步，虚拟社区已经逐步从 2D 演化到 3D，在线旅游交流平台已经成为旅游信息沟通的重要渠道。虚拟社区是以计算机和网络为媒介，以共同兴趣和目标为驱动，以信息交换、知识与体验共享为目的，依托网络平台形成虚拟组织形态。虚拟社区作为未来旅游体验提升的重要的支撑，随着即时通信用户规模的不断增加，社区规模在不断扩大，形态趋于多样，对于游客体验提升和旅游业态丰富的影响也将日益显著。这就如在马克思对技术破坏性的论述中表达的一样，资本主义生产的每一次创新都是对劳动工人身心状态、认知习惯的破坏，正是由此，才完成了产业一次又一次的转型和升级。

6.2 组织视角的分析[*]

6.2.1 指标与数据

关于组织创新绩效指标体系的研究，学术界尚未统一。基于文献分析，创新的投入表现为设备、资金、人员等[①]，产出则表现为专利技术、产品、工艺方法等[②]。同时信息科技作为共享经济发展的基础介质，作用不可忽视。因此，首先测度各地区信息科技发展的效率；其次测度共享经济与传统产业融合的效率。构建一阶投入指标 X_1、X_2；中间产出指标 Y_1，由于中间产出主要用于二阶投入，因而同时记为二阶投入指标 X_3[③]；并根据二阶段特征，增加投入指标 X_4、X_5；最终产出指标 Y。测算过程如图 6－2 所示。

（1）信息科技创新阶段（k 期）投入指标：设备投入（X_1），仅考量信息传输、软件和信息技术服务的固定资产投入经费，依据共享经济实现介质是依托互联网的平台构造能力，因此，以上三项投入对其实现有直接影响。R&D 经费（X_2）投入对增强技术创新能力和促进生产率增长的显著作用已被论证[④]。

　＊ 陈万明，戴克清，王磊．旅游产业创新绩效影响因素研究——基于共享经济视角［J］．软科学，2018，32（5）：24－27，36.

　① 杨志江．区域创新绩效评价方法及其应用研究［D］．桂林：广西师范大学，2007.

　② 张琰飞，朱海英．中部地区"两型"技术创新目标要素协同发展的实证研究［J］．软科学，2013，27（10）：101－106.

　③ 史欣向，陆正华．基于中间产出、最终产出效率视角的企业研发效率研究——以广东省民营科技企业为例［J］．中国科技论坛，2010（7）：77－83.

　④ 吴延兵．R&D 与生产率：基于中国制造业的实证研究［J］．经济研究，2006，6（4）：60－71.

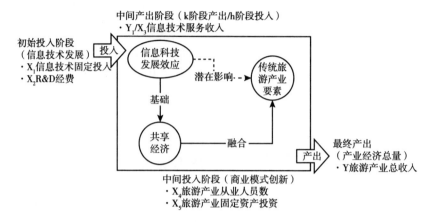

图 6 - 2　旅游产业创新效率两阶段评价结构

（2）产业共享融合阶段（h 期）投入指标：信息技术服务收入（Y_1）同时作为中间指标（X_3），对于信息技术的支付能力和水平，反映了产业与信息科技的融合度。产业从业人员（X_4）和固定资产投入（X_5），均考虑在共享经济与旅游产业融合度较高的吃、住、行三个主要部门的人员与设备和资金投入。

（3）旅游业总产出作为效率测算的最终产出指标（Y）。资料来源于《中国统计年鉴》《中国旅游统计年鉴》《研究与发展（R&D）普查公报》等官方可得数据。同时考虑样本指标中投入与产出关系的内隐性，采用 Pearson 相关性分析对样本数据进行检验。结果显示样本投入产出之间符合等张性要求，建立的效率测度模型有效。

6.2.2　效率数据分析

根据已有研究的数值设定：$PTEvrs = 1$ 为有效；$0.8 \leqslant PTEvrs < 1$ 为效率较高；$0.6 \leqslant PTEvrs < 0.8$ 为效率中等；$0.4 \leqslant PTEvrs < 0.6$ 为低效率；$PTEvrs < 0.4$ 为无效率。运用软件 MaxDEA，可得各地区旅游产业创新整体和分阶段纯技术效率值，求均值后，各地区旅游产业在测度期的创新效率水平分布，如图 6 - 3 所示。

共享业态出现初期，中国各省级地区旅游产业创新纯技术效率（PTEvrs）

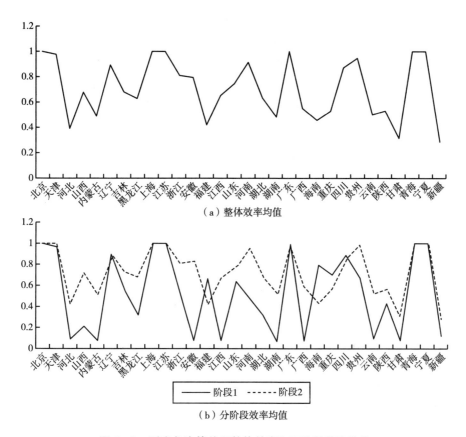

图 6 - 3　测度各决策单元整体效率和两阶段效率均值

和分阶段创新效率水平差异较大，分析如下。

（1）PTEvrs 有效的地区：北京、上海、江苏、广东、青海、宁夏，创新整体效率均处于生产前沿面上。这些地区两阶段效率值均有效，其中，北京、上海和广州属于经济水平发达的一线城市，是科技、人才和创新的集聚区。江苏是智慧旅游的发源地，开放程度好。由于 DEA 方法的局限，青海和宁夏在投入导向下低数值输入指标造成 PTE 分值增加，即输入指标值非常低而导致整体效率和阶段效率均在生产前沿面上。

（2）效率较高的地区：天津、贵州、河南、辽宁、四川、浙江。天津受到北京、浙江受到上海和江苏的正向技术辐射，两阶段效率较高。其他四个地区属于中国腹地的区域中心城市，在信息技术和产业融合创新上具有一定的基础和优势。

（3）效率中等的地区：安徽、山东、山西、吉林、江西、湖北、黑龙江。效率较低的地区：广西、重庆、陕西、云南、湖南、内蒙古、海南、福建，信息技术基础薄弱，属于非科技核心地区，但属于技术应用型创新地区。因此，两阶段效率体现出较弱的技术创新活动能力和较强的技术与产业融合创新能力。创新整体效率中等的七个地区，在二阶段产业融合创新效率值均在 0.68 以上，远高于一阶段信息科技创新效率；效率较弱的八个地区，大部分也是二阶段明显优于一阶段。

（4）创新无效率的地区是河北、甘肃和新疆，属于典型的投入产出比的劣势区。河北受强信息创新地区负向影响严重，甘肃和新疆则是受区域技术人力等诸多条件限制。

6.2.3 变量说明与模型构建

6.2.3.1 变量说明

依据前面两阶段效率测度中各投入产出指标的松弛变量及分析结果，深度剖析影响测度地区整体创新效率和二阶段效率的主要环境因素。

对于整体效率值 PTE 而言，人均国内生产总值 PGDP（Per GDP），以及外商在华投资 FDI 情况是基础环境变量。对于阶段效率特点，区域信息科技和旅游产业创新融合，即实现共享模式创新的 SNPTE（Second Node PTE）阶段是重点，其环境变量除了要检验经济水平和开放程度外，还需要增加可反映阶段环境特征的变量[①]。

（1）产业创新的指标。旅游产业商业模式要素创新的实现是提高整体产业创新效率的重要因素，因而以实用型专利数（practical patent number, PPN）来检验要素创新水平[②]。

（2）产业发展环境。共享视阈下旅游产业创新依托的是信息科技和旅游产业参与个体的融合共享，是旅游产业商业模式从整体化集团化运营，向个

---

① Klopp G. The Analysis of The Efficiency of Production System With Multiple Inputs and Outputs [D]. Chicago: Chicago University of Illinois, 1985, 3 (1): 233 – 240.

② Malerba F. and Mani S. Sectoral Systems of Innovation and Production in Developing Countries [M]. UK: Edward Elgar Publishing Limited, 2009 (6): 6 – 11.

体化分散化运营的创新转变，因而选取民营酒店数作为接待业发展情况的主要反映变量（private hotels，PH）①。

（3）资源条件。传统旅游产业发展主要依托资源条件，一般资源条件好的地区旅游发展水平高，对创新能力也在一定程度上存在影响，因此，选取四星级以上的景区数（number of scenic spots，NSS）作为资源条件的检验指标②。

6.2.3.2 模型构建

本书所用数据来源于《中国统计年鉴》《中国旅游统计年鉴》《研究与发展（R&D）普查公报》。由于已测度的效率值分布于 0～1，属于受限制被解释变量，因而采用随机效应 Tobit 模型来检验创新效率的影响因素，并对自变量取对数以消除自变量的异方差性，模型构建如下：

$$PTE_{it} = \beta_0 + \beta_1 InPGDP_{it} + \beta_2 InFDI_{it} + \varepsilon_{it} \tag{6-1}$$

$$SNPET_{it} = \beta_0 + \beta_1 InPGDP_{it} + \beta_2 InFDI_{it} + \beta_3 InPPN_{it}$$
$$+ \beta_4 InPH_{it} + \beta_5 InNSS_{it} + \varepsilon_{it} \tag{6-2}$$

其中，式（6-1）是分析各地区整体效率的影响因素；式（6-2）是对旅游产业创新第二阶段信息科技与产业融合共享效率影响因素的分析，其中，i 代表各省份，t 代表年份，β 代表回归系数，ε_{it} 代表随机误差项。

6.2.4 计量结果分析

拟运用 EViews 9.0 软件对方程中所示的受限 Tobit 面板模型进行回归。具体分析结果如表 6-1 所示。模型 1 在不考虑产业创新特定环境的影响因素下，检验的两个常规影响因素变量均通过 1% 的显著性检验，说明两个变量对于旅游产业创新整体效率影响显著。但是在考虑特定环境变量因素时，模

---

① Sven-Volker Rehm, Lakshmi Goel, Iris Junglas. Using Information Systems in Innovation Networks: Uncovering Network Resources [J]. Journal of The Association for Information Systems, 2017, 18 (8): 577–604.

② 杨永德，戴克清，王磊. 区域旅游业轴—面评价模型构建及实证研究 [J]. 商业经济研究，2015 (5): 138–140.

型 2 中除了变量 PGDP 未通过显著性检验，其余变量均通过 5% 的显著性检验且系数均为正，说明区域经济水平发展对于新业态下旅游产业创新阶段效率影响较小。因而经济发达地区对于创新整体效率的促进，主要来源于对信息科技发展的作用，反之对共享经济融合旅游产业的过程影响较小。开放程度对于创新的整体效率和阶段效率均有很好的促进作用，外资的参与度高可以有效提高区域的开放程度，区域开放程度有利于不同经营理念、模式、方法的引入，是提升创新效率的重要途径。同时共享经济等创新商业模式在旅游产业的融合应用最早也发端于国外，因此，开放程度对于旅游产业创新思维的培育具有积极的推动作用。

表 6 – 1　　　　　中国旅游产业创新效率影响因素的 Tobit 回归结果

因变量	PTE（模型1）				SNPTE（模型2）			
解释变量	系数估计值	标准差	Z 值	P 值	系数估计值	标准差	Z 值	P 值
PGDP	3.37E – 06	1.04E – 06	3.247965	0.0012	5.94E – 07	1.08E – 06	0.549070	0.5830
FDI	3.02E – 006	9.97E – 07	3.032396	0.0024	2.43E – 06	1.14E – 06	2.121246	0.0339
PPN	—	—	—	—	3.75E – 06	1.10E – 06	3.393709	0.0007
PH	—	—	—	—	– 0.000574	0.000189	– 3.042959	0.0023
NSS	—	—	—	—	– 0.001293	0.000602	– 2.149628	0.0316
C	0.498674	0.046631	10.69407	0.0000	0.765094	0.069085	11.07463	0.0000
SCALE：C	0.225455	0.013017	17.32051	0.0000	0.203266	0.011736	17.32051	0.0000

　　具有产业特征的环境变量计量结果分析：一是要素创新水平（PPN）与旅游产业融合共享创新的实现，高度相关且系数为正，表明要素创新水平越高对于产业创新效率的促进越大。旅游产业无论是新六要素（商、养、学、闲、情、奇），还是旧六要素（吃、住、行、游、购、娱），旅游产业创新的实现均需要依赖产业组成的各要素创新，例如出行、民宿、体验等与信息科技融合，因此，促成共享创新的实现无一不是从要素入手。二是产业发展环境（PH），基于共享经济特征，检验民营企业集聚对于创新型业态发展的影响。计量结果显示的系数为负，说明传统民营企业集聚对于创新业态的发展起到一定的阻碍作用，因此，突破固化业态形式，实现企业创新转型存在较大困难。三是资源条件（NSS），以高星级景区为因素，检验与产业发展正相关的资源要素对于旅游产业创新的影响，结果显示，资源禀赋高、成熟景观

丰富的区域，创新能力反而不足，景区成熟的区域，基础设施相对完备，接待模式易于固化，创新空间较小。

6.3 个体视角的分析*

6.3.1 文献回顾和模型选择

6.3.1.1 共享意识在虚拟社区中的体现

共享意识对于个体产生的影响和冲击不可忽视，相应的个体转变对于产业创新和技术的再创新作用也不容小觑。个体在共享意识影响下，在新的产业环境中，能否快速转变固有的信息独占、资源独有的个体认知和行为，能否充分理解共享逻辑带来的要素流动、资源优化和效率提升等价值，能否快速从自有价值创造转向公有价值创造，能否实现从自我意识转变为共享意识等，均可影响以共享为基本逻辑的产业创新发展。

总体上形成了"技术创新→组织形态创新→行为逻辑变革"的发展过程，在 2010～2016 年间技术进步带来冲击产业形态，可视为共享逻辑的形成期，也是组织形态的创新期；2016～2020 年则可视为共享逻辑的发展期，也是创新型组织形态渐趋形成，开始影响行为逻辑。因此，本部分将以共享逻辑发展期个体行为共享意识的形成情况为对象，以旅游业为例，基于国外学者对影响旅游者在虚拟社区中参与分享的行为、动机、目的等方面的持续关注和研究，进行个体视角的分析。

已有研究显示，42% 的娱乐消遣型旅游者愿意在虚拟社区中通过不同形式分享过自己的旅游体验，其中，仅有 10% 的旅游者通过公开撰写旅行日志的形式，进行详细且连续性的旅游知识和体验的深度分享①。目前国内在此

  ＊ 戴克清，陈万明，邱雪. 虚拟社区旅游体验分享行为的影响因素研究——基于 TAM 模型改进的 PLS-SEM 测度［J］. 数学的实践与认识，2020，50（6）：53－61.

  ① Romm C，Clarke R J. Virtual community research themes：a preliminary draft for a comprehensive model［C］//6th Australasian Conference On Information Systems，1995（1）：26－29.

领域的研究尚不丰富，虽然有不少聚焦到知识分享意愿这个较为宽泛的领域，但是将研究更为细化，着眼于影响游客在旅游虚拟社区中分享旅游体验数量和质量的研究较少。然而面对蓬勃发展的旅游市场和不断丰富的虚拟社区，深度分享知识和体验，将成为优化游客旅游体验的重要渠道。

在学术研究领域，莱茵戈尔德（Rheingold，1993）率先提出"虚拟社区"的概念，引起了国内外学者的广泛关注。从技术支持的层面来说，通过电子媒介进行信息交流的人群组成的社区称为虚拟社区。虚拟社区是源于兴趣，通过网络媒介暂时或者永久地聚集在一起，构成的相互交流、共享信息和知识的群体①。虚拟社区作为一个具有共享功能的系统，是技术平台、社会关系、成员认知的有机统一，在信息共享与信任、互惠、利他等变量之间存在一定的关系②。虚拟社区是虚拟旅游系统的重要组成部分，作为科技创新产品的线上载体，游客可以实现线上线下的时空跨越③。基于消费地点的虚拟社区评论分享行为研究，论证了用户涉及度与在线评论信息分享意愿之间呈显著正相关，产品质量、消费地点氛围均正向影响用户涉入度，进而影响其在线评论信息分享意愿，其中影响用户涉入度最为显著的因素是产品质量④。

科恩（Cohen）把旅游体验分为休闲、排遣、获取经验、试验、存在，并提出要根据旅游体验划分旅游者类型，并将描述旅游者旅游体验的旅游行为情境。基于旅游情感体验模型，验证了旅游期望和体验之间的关系，推导出可以描绘期望和旅游体验之间关系的质量交互模型⑤。基于身心特征的限制性条件，分析旅游者态度、感觉、知觉、情绪等旅游体验和其他旅游要素之间的协同作用和影响关系⑥。内在动机和外在动机都可以影响旅游体验分

① Koh J，Kim Y G. Knowledge sharing in virtual communities：an e-business perspective ［J］. Expert Systems with Applications，2004，26（2）：155 – 166.

② 付丽丽，吕本富，吴盈廷，彭赓，刘凡，刘颖. 关系型虚拟社区的社会网络特征研究 ［J］. 数学的实践与认识，2009，39（2）：119 – 129.

③ 戴克清，陈万明. 增强现实型科技旅游产品开发的条件模型及评价——以故宫博物院为例 ［J］. 贵州社会科学，2019（7）：142 – 149.

④ 王晓蓉，彭丽芳，李歆宇. 社会化媒体中分享旅游体验的行为研究 ［J］. 管理评论，2017，29（2）：97 – 105.

⑤ 吴俊，唐代剑. 旅游体验研究的新视角：具身理论 ［J］. 旅游学刊，2018，33（1）：118 – 125.

⑥ 曹树金，王志红. 虚拟社区知识共享意愿与行为的影响因素及其调节变量：元分析研究 ［J］. 图书情报工作，2018，62（8）：74 – 83.

享意愿，人们在追求积极的自我形象时对旅游体验行为产生正向影响①。

6.3.1.2 技术接受模型

技术接受模型（technology acceptance model，TAM）属于态度—意向—行为模型的一种，最早由戴维斯（Davis，1989）提出。该模型旨在解释和预测使用者经过一段时间与系统交互后接收信息系统的情况，试图研究人们为何接受或者拒绝信息系统，解释信念因素（感知信息系统有用和感知信息系统使用方便）与使用者态度、意向和真正使用技术行为之间的关系。技术接受模型在经过十几年发展后，产生了多个类似的概念模型，每个模型都有不同决定变量。因此，对于个体在虚拟社区主动分析旅游体验行为意愿的影响因素问题，尝试以技术接受模型为基础，根据已有研究增加相关可能的潜在影响路径，实施改进。

6.3.2 研究假设与模型构建

6.3.2.1 研究假设

基于虚拟社区、知识分享以及体验分享的相关研究，提出假设 H_1 和假设 H_2。感知易用性（H_1）正向影响虚拟社区成员旅游体验的分享行为。感知易用性可以理解为在虚拟社区中分享步骤的易操作性或方便快捷程度，可以促进旅游者旅游体验行为的发生。在同等条件下，易用性程度更高的虚拟社区成员更容易参与分享②。虚拟社区的感知易用性可以增加成员使用虚拟社区进行体验分享的概率③。感知旅游体验分享的有用性，主要有获取出行信息、

---

① Meng – Hsiang Hsu，Teresa L Ju，Chia – Hui Yen. Knowledge Sharing Behavior in Virtual Communities：The Relationship between Trust，Self-efficacy，and Outcome Expectations ［J］. Human-Computer studies，2007（65）：153 – 169.

② 赵宇翔，朱庆华. 博客接受模型：影响用户接受和更新博客的实证研究［J］. 情报理论与实践，2009，32（4）：44 – 50.

③ Shobeiri S，Mazaheri E，Laroche M. Improving customer website involvement through experiential marketing ［J］. Service Industries Journal，2014，34（11）：885 – 900.

降低出行成本、缩短决策时间、规避旅游风险以及提高旅游质量等①。虚拟社区成员对体验的有用性感知很大程度影响其信息共享的行为②。意愿作为一种欲望倾向影响着个人的行为，社区成员具有信息共享的意愿就会去分享。

除了在技术接受的基础上，本章基于已有研究，增加消费者感知线上分享的风险性，社区作用、激励作用，以及主体意识，把虚拟社区旅游体验分享的行为及经验作为外部情境的控制变量，依托在信息共享相关研究中提出的主要影响因素，由此提出以下假设。

风险性感知（H_3）。虚拟社区成员感知虚拟社区的风险性正向影响其旅游体验的分享意愿。虚拟社区与传统社区相比，风险性的主要问题包括信息安全性、金融支付风险等方面问题③。在登录、支付等操作过程中的安全措施是否能保证成员的信息安全性，很大程度上影响了人们参与网络活动的可能性④。网络信息系统的安全性将对虚拟社区使用的满意度有着决定性影响⑤。

社区作用（H_4）。可能正向影响虚拟社区成员旅游体验的分享意愿。在旅游虚拟社区为成员提供的服务中，大量有效的社区作用（组织管理和信任培育）是其服务能力的重要体现方式⑥。因此，当旅游虚拟社区为成员提供足够的社区支持和贡献时，成员对该虚拟社区的信任度会随之提高。除此之外，在既定的社区环境下，社区成员关系的好坏会显著影响其旅游体验分享的态度⑦。

---

① 樊友猛，谢彦君.“体验”的内涵与旅游体验属性新探［J］. 旅游学刊，2017，11（32）：16-25.

② 赵越岷，李梦俊，陈华平. 虚拟社区中消费者信息共享行为影响因素的实证研究［J］. 管理学报，2010，7（10）：1490-1501.

③ 周波，周玲强，吴茂英. 智慧旅游背景下增强现实对游客旅游意向影响研究——一个基于TAM的改进模型［J］. 商业经济与管理，2017，2（2）：71-79.

④ 袁亮，吴佩勋. 基于结构方程模型的线上展示、感知风险与购买意愿［J］. 统计与决策，2017（12）：183-186.

⑤ 张红兵，张乐. 学术虚拟社区知识贡献意愿影响因素的实证研究——KCM和TAM视角［J］. 软科学，2017，31（8）：19-24.

⑥ 冯严超，王晓红. 智力资本、生态环境与区域竞争力——基于PLS-SEM和PLS-DA的实证分析［J］. 科技管理研究，2018（15）：93-98.

⑦ 宁连举，刘茜，夏文. 基于三元交互决定理论的虚拟社区凝聚力和集体效能的影响机理研究（英文）［J］. 中国通信，2014（12）：146-155.

　　激励作用（H₅）。正向影响虚拟社区成员旅游体验的分享意愿。虚拟社区环境下，物质奖励、声望名誉是促进旅游体验分享的激励方式①。而在分享旅游体验的过程中，获得额外回报和获得赞美等外在激励机制扮演了重要的角色。在实际生活中，大多虚拟社区会向分享参与者提供声誉激励机制、提高等级以及获得更高权限等物质奖励，以此调动成员分享的积极性。由此形成分享意愿对分享行为的影响路径（H₆）。

6.3.2.2 模型构建

　　关于虚拟社区的研究，多局限于知识和信息共享等传统视角中，将虚拟社区置于旅游产业领域的研究较少，而置于旅游体验分享的环境场景中，更是有待证明。本章将遵循以往研究的部分机理，以信息科技作为虚拟社区发展的基础介质，以环境场景的创新应用及多种视角与旅游虚拟社区的融合作为研究的创新之处。据此，基于对文献的回顾和技术接受模型的改进，构建理论模型如图6-4所示。

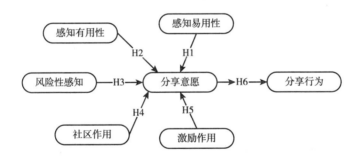

图6-4 基于 TAM 改进的 PLS-SEM 测度模型

　　该模型的理论构建，契合研究的测度环境，信息技术的使用和虚拟社区的环境会影响主体共享的意愿，从而对共享行为产生极其显著的影响，或可从理论上揭示影响研究对象在网络虚拟社区中共享行为的真正因素。

---

① 樊友猛，谢彦君.“体验”的内涵与旅游体验属性新探［J］.旅游学刊，2017，11（32）：16-25.

6.3.2.3 方法与数据

偏最小二乘算法（partial least square，PLS）适用于通过测量显变量最优预测潜变量，结构方程模型（structural equation model，SEM）主要通过引入潜在变量来研究抽象变量之间的因果结构关系。PLS-SEM 中变量值估计通过 SEM 方程迭代完成，则用 PLS 回归思想对变量估计值提取成分，从而得出路径系数。两者结合适用于对创新理论的探索性分析及其验证，同时适用于小样本研究，因而作为本书的主要研究方法。

问卷设计及数据收集。问卷依据研究模型的 7 个构面，设置相关题项共 37 题。对问卷基本题项进行信效度检验，首次发放问卷 40 份，回收 38 份，实施预调研，删除高相关性题和反向问题共 2 题。修正后问卷，共发放 239 份，剔除未回答以及回答不全的问卷 19 份，最终获得有效问卷 220 份，问卷回收率为 92.0%。采用 SPSS 对有效样本进行描述性统计分析，男性占 49.55%，女性占 50.45%；20～35 岁和 36～50 岁占比较高，分别是 46.36%、38.18%，51～65 岁和 65 岁以上的分别占 14.55%、0.9%；调查者中本科学历最多，占 46.36%，硕士占 30.6%，大专及以下学历、博士学历分别占 16.22%、6.82%；月收入 3 000 元及以下的占 10.02%，3 001～6 000 元的占 36.61%，6 001～9 000 元的占 40.64%，9 001 元及以上的占 12.73%。

数据采集依据分层次采样的方法准则，基于研究需要，对调研对象分四个层次，以年龄和受教育程度作为两个关键标的特征，通过网络和现场发放的方式，调研对象所在地区涉及 13 个省份，29 个城市，收集时间在 2016～2020 年，尽可能确保问卷数据收集过程的科学与严谨。

6.3.3 模型估计结果分析

6.3.3.1 测量模型分析

在测量模型分析中，PLS 所产生的负荷值（loadings）适合用来解释反映型指标。由表 6-2 中反映型构面的 t 值（T statistics）来解释分享意愿在此潜变量上均具有显著性影响；所有构面的测量题项的负荷值均高 0.6（p<0.001），

具有良好的聚合效度。

表 6 – 2	反映型构面的指标、负荷值与 t 值		
潜在变量	指标	负荷值	t 值
风险性	R1	0.838	6.570 ***
	R2	0.887	7.033 ***
	R3	0.825	4.830 ***
	R4	0.867	3.781 **
	R5	0.804	6.071 ***
易用性	EU1	0.677	5.084 ***
	EU2	0.786	9.069 ***
	EU3	0.753	7.008 ***
	EU4	0.806	12.350 ***
	EU5	0.729	6.158 ***
有用性	U1	0.746	12.413 ***
	U2	0.841	12.209 ***
	U3	0.819	9.497 ***
	U4	0.822	8.517 ***
	U5	0.863	13.012 ***
社区作用	C1	0.788	9.405 ***
	C2	0.817	8.145 ***
	C3	0.823	11.121 ***
	C4	0.819	10.804 ***
	C5	0.745	10.546 ***
激励作用	E1	0.782	15.693 ***
	E2	0.884	22.985 ***
	E3	0.833	18.445 ***
	E4	0.764	12.745 ***
	E5	0.715	14.119 ***
分享意愿	S1	0.731	15.751 ***
	S2	0.743	7.644 ***
	S3	0.826	20.308 ***
	S4	0.735	16.464 ***
	S5	0.752	10.669 ***

续表

潜在变量	指标	负荷值	t 值
分享行为	I1	0.731	9.894 ***
	I2	0.725	8.421 ***
	I3	0.694	10.610 ***
	I4	0.799	12.692 ***
	I5	0.745	8.606 ***

注：** 、*** 分别表示在5% 、1%的水平上显著。

一般而言，测量模型中组合信度（composite reliability，CR）高于 0.7 是建议的临界值，此外，研究构面的平均变异抽取量（average variance extracted，AVE）建议的临界值应高于 0.5，表示此构面可以解释 50% 以上的变异量。从表 6 - 3 结构信度和效度分析（construct reliability and validity，CRV）的结果表明，组合信度（CR）均大于 0.8，平均变异抽取量（AVE）也都大于 0.5，显示出本书的测量模型具有良好的信度。

表6 – 3　　　　　　　　　　结构信度和效度分析

项目	CA	rho	CR	AVE
分享行为	0.815	0.820	0.871	0.574
分享意愿	0.792	0.795	0.858	0.547
易用性	0.809	0.832	0.866	0.565
有用性	0.877	0.878	0.910	0.671
激励作用	0.855	0.858	0.897	0.636
社区作用	0.858	0.861	0.898	0.638
风险性	0.900	0.909	0.926	0.713

对于区分效度（discriminant validity），是用 AVE 的平方根与构面间的相关系数来检验此变量的区分效度。如果变量间具有良好的区分效度，则 AVE 的平方根需大于各构面间的相关系数。根据表 6 - 4 结果显示，所有构面的 AVE 平方根均大于与其他构面的相关系数，表明本书变量间的区分效度良好。

表6-4   区分效度检验

项目	分享行为	分享意愿	易用性	有用性	激励作用	社区作用	风险性
分享行为	0.758						
分享意愿	0.597	0.740					
易用性	0.440	0.509	0.752				
有用性	0.464	0.499	0.659	0.819			
激励作用	0.774	0.541	0.459	0.449	0.798		
社区作用	0.494	0.511	0.580	0.705	0.507	0.799	
风险性	0.287	0.401	0.353	0.304	0.239	0.415	0.845

注：矩阵对角线为 AVE 的平方根，对角线下方为相关系数矩阵。

6.3.3.2 结构模型分析

在结构模型中，内生潜在变量分享意愿的 R^2 为 0.623，分享行为的 R^2 为 0.356，R^2 值和路径系数值是判断模型好坏的主要指标，因此，表示模型具备了中度解释能力，对于和两个内生潜在变量具有一定的预测能力。此外，测量变量接通过了显著性检验，潜变量之间的标准化路径系数部分通过了显著性检验在路径系数的显著性上，此结论表明研究过程合理，测量模型的研究假设具有解释价值。

虚拟社区所依托的信息技术、App 操作端等技术作用的有用性和易用性，对于分享态度的影响较小，其原因在于随着信息科技的渐趋成熟和普及，信息科技和游客应用信息科技的能力足以支撑虚拟社区的形成和发展。分享主体对于社区作用的要求不高，也在一定程度上佐证了参与分享主体的风险意识不强，两者相互印证。虚拟社区的激励作用对于积极分享意愿的形成作用显著，可以提出虚拟社区的参与主体对于分享体验所带来的回馈，存在一定的渴望。

6.3.3.3 模型评价与假设检验

通过对测量模型信效度的检验以及结构模型的整体分析，检验结果呈现出极具时代性和主体性的特征，如表6-5所示。具体可以总结为：传统技术需求弱化、网络虚拟社区常态化、共享意识表层化以及趋利本性显露化。

表 6 - 5   假设检验结果

假设	关系式	效应估值	t 值	假设检验结果
假设 1	易用性→分享行为	0.007	1.959 *	接受
假设 2	有用性→分享行为	0.058	2.102 **	接受
假设 3	风险性→分享行为	0.410	1.176	不接受
假设 4	社区作用→分享行为	0.024	1.639	不接受
假设 5	激励作用→分享行为	0.043	12.723 ***	接受
假设 6	分享意愿→分享行为	0.597	10.721 ***	接受

注：*、**、*** 分别表示在 10%、5%、1% 的水平上显著。

传统技术的易用性和有用性在旅游体验分享的虚拟社区中作用并不再那么突出，一方面由于当下技术发展达到较高较为人性化的水平，网络技术已经突破"能不能用"和"好不好用"的基础发展阶段，而达到是否可以"更快""更好"的阶段；另一方面参与主体对于网络介质和虚拟社区的感知渐趋常态化，除了个体对于技术接受能力的普及化，个体对于虚拟社区的存在也呈现常态化。由此形成参与主体对于"易用"和"有用"的感知弱化。风险性与社区作用两个假设的不成立，充分证明了当下互联网发展的深入程度，对于社会主体多数已经将虚拟社区与现实社区等同对待，就如处于现实社区中的个体，除了特殊情境下会考虑社区作用和风险性的问题，常规行为并不会因为社区提供的保障或对于风险的担心而受影响。激励作用对于分享行为的影响，极大地体现了人类趋利的本质特征，就如司马迁所说，"天下熙熙皆为利来，天下攘攘皆为利往"。这一点恰恰印证了在当下中国蓬勃发展的共享经济，其本质依然是"经济"而非完全意义上的"共享"，主体的公益性思维和行动亟待培育。

6.4　本章小结

6.4.1　研究结论

组织共享创新效率及因素分析。在技术创新破坏旧有产业形态，共享逻辑的形成期和组织形态的创新期，以共享经济的源起领域旅游业为例，从宏观上对中国产业组织的创新效率进行测度，结果显示：在技术创新和共享业态等模式创新的影响下，中国旅游业创新效率在测度期内整体显示出上升趋势，增长率为15.18%。测度的30个地区，在整体效率和分阶段效率上均显示出东高西低的分布形态。分阶段效率中的信息科技创新过程效率，各地区差异较大，而信息与产业融合创新阶段效率显示较为平稳，且与整体效率走势趋同，表现出对整体效率较强的影响能力。环境影响因素的计量回归结果显示：区域经济水平差异和区域对外开放程度直接影响旅游产业创新整体，区域经济水平通过拉动信息科技创新，提高区域创新能力，但是对于产业融合过程作用并不显著。要素创新对于信息与旅游产业融合共享过程具有极大的促进作用，是提升创新效率的重要因素。常态化的产业发展环境和优质且成熟的资源条件，并不利于旅游产业创新效率的提升，相较传统企业而言，旅游非优区的非模式化经营个体更有利于推动产业创新的实现。

个体分享效率及因素分析在共享逻辑的发展期即组织形态渐趋形成时期，以旅游业为视角，测度个体分享意愿，对共享的行为逻辑进行深度分析，基于对传统 TAM 模型的优化，采用 PLS-SEM 测度，探究影响个体体验分享行为的具体因素，得出主要结论如下：第一，分享意愿与旅游虚拟社区体验分享行为存在显著的正相关，虚拟社区与现实社区间的界限趋于模糊，二维空间的壁垒在逐渐被打破，主体的风险性感知和社区作用感知对于分享行为作用并不明显。第二，分享主体对于技术感知的有用性、易用性影响的弱化，在一定程度上是对早期技术接受模型在当前情境下的一种优化。随着技术的渐趋成熟与普及，技术对于参与主体分享意愿的影响作用将越来越不明显。第三，激励作用对于分享态度的影响效果最为显著。这一结论在一定程度上佐证了赵越岷等（2010）发现虚拟社区中权限分级等激励方式正向促进共享信息分享的研究，但同时也在一定程度上反映了虽然处于共享热潮之下，主体真正共享的意识尚且缺乏。

6.4.2 研究启示

根据本章研究结论可见，共享逻辑形成初期，技术创新对于企业组织的创新能力和效率有促进作用。因此，在产业组织层面：一是要依托共享经济新业态，构建产业创新平台，作为推动传统产业升级的系统工程。创新平台的战略研究包括：共享经济业态现状分析；共享经济商业模式下企业创新能力分析；产业创新平台结构分析；平台管理者能力、区域环境建设、政府支持力度等分析。二是要重视技术创新与产业组织融合的发展逻辑形成，借助信息科技飞速发展的契机，将传统产业与信息科技深度融合，鼓励我国科研机构将信息技术研发与产业升级需求相结合。加大新创组织对产业信息技术的研发力度，攻克关键共性技术问题，促进政、产、学、研的多边合作。整合各方优势资源，推进共享经济与产业深度融合，构建以企业或非企业的产业组织机构作为创新发动者来源的"元创新"体系。三是要重视共享逻辑中介的链接作用。中介组织起到调控资源配置与流动的作用，为需要转型的传统企业提供创新攻关。引进新型网络营销管理模式，消化吸收后再创新，为传统企业指明搭载信息科技实现创新的路径。四是要打造创新文化，紧抓人才队伍建设，保持产业高端化发展活力。创新活动的顺利开展，需要有良好的社会环境，这要求在全社会提倡自由开放、求新求异的欲望和价值观念。建立健全人才培养和激励机制，建设一支规模大、结构优、素质高的产业创新管理机构和经营管理队伍。鼓励资源非优区从业人员参与信息科技应用能力和创新能力的培训，培育参与者的创新意愿，鼓励创新潜力群体结合自身资源优势，融合信息科技，积极参与产业创新。

而在组织形态创新完成后，个体行为逻辑变革则是反哺组织创新进一步实现的重要动力来源。因此，从个体层面，共享意识的形成和共享价值的统一对于中国产业创新意义重大。第一，形成共享文化，构建合理完备的激励机制，激发参与主体积极、主动、客观并真实地分享个人经验、知识、资源和能力。第二，培育个体无私分享的共识。在共享商业模式盛行的当下，共享业态、形式和主体多样，但真正乐于参与共享的群体并未形成。在我国"共享"的意义尤为深远，不仅是五大发展理念之一，也与中国社会发展愿景相契合。

第7章 共享视阈下的制造业 模式创新机理[*]

7.1 服务型制造与新经济

7.1.1 服务型制造与新经济的问题导出

智能制造技术与管理的革新是第四次工业革命的核心技术驱动[①]，其中，依托模块化、平台化和循环化等变革形成的智造服务新体系[②]，更是传统制造业向现代服务型制造业创新转型的重要基础[③]。智能制造技术改变了制造业的生产方式与价值获取模式，让共享制造作为企业发展模式的创新成为可能[④]。因此，在新的技术条件和经济环境中实现的制造服务共享创新，或将成为激发制造企业创新的重要途径[⑤]。共享经济作为服务创新的新动能和新模式，在传统服务业已经取得卓越成绩，但在制造业的应用尚处于创新发展

---

[*] 戴克清，陈万明，蔡瑞林. 服务型制造企业共享模式创新实现机理——基于服务主导逻辑的扎根分析 [J]. 工业工程与管理，2019，24（3）：124 – 129，138.

① 王玉荣，杨震宁. 我国制造业的创新环境及其动力：475 个企业样本 [J]. 改革，2010（1）：45 – 54.

② 李海舰，周霄雪. 产品十化：重构企业竞争新优势 [J]. 经济管理，2017，39（10）：33 – 43.

③ Kathan W, Matzler K, Veider V. The sharing economy：Your business model's friend or foe？ [J]. Business Horizons, 2016, 6（2）：715 – 734.

④ 明新国，余锋，王鹏鹏. 服务型制造业体系构建与案例分析：创造持续性收益的蓝海 [M]. 上海：上海交通大学出版社，2011.

⑤ 谭清美，王磊. "智能生产与服务网络"的安全界壳体系设计 [J]. 系统工程理论与实践，2018，38（1）：79 – 92.

的初期，理论研究也尚未充分发展。在技术创新与新经济模式快速发展的时代风口上，智能制造作为技术创新已被广泛认知，但共享经济作用于制造业形成的"共享模式创新"机理尚待明确。随着共享经济、平台经济、数字经济的交互融合，智能生产、制造共享、价值共创等相关研究的日趋深入，特别是部分制造企业在共享经济模式下尝试的制造、服务等模式的创新，为共享视阈下制造共享模式创新的深入研究提供了理论基础与现实依据。因此，本章将基于服务主导逻辑，结合共享经济业态特征，明确与当下制造业共生生态环境相匹配的服务创新发展新趋势，解析服务型制造业共享模式创新的实现机理。

7.1.2 核心概念与理论分析

关于服务型制造业的研究。刘文进等（2009）提出，服务和制造融合会导致产品内涵和制造组织发生深度变革。服务型制造业是由传统制造模式演进而来的先进制造模式，是由服务业与制造融合产出的新型生产形态。关于服务型制造，国内学者的着力点主要有核心理论基础、制造型服务的价值模式、制造业服务化类型和生态等①。何哲等剖析了制造型服务业概念的四个层次及其存在的理论问题②。罗建强提出，依托型和组合型两种类型的制造服务衍生方式③。国外学者的核心着力点是制造服务化模型和框架、供应链管理、制造服务化绩效和质量等。兰卡（Lenka，2018）等提出了制造服务业多层次的服务框架，贾格塔普和约翰逊（Jagtap & Johnson，2010）也以航空公司为例，细化制造业服务化的细节特征。阿亚拉（Ayala，2017）从知识共享等制造企业供应链上的软性指标识别服务化的过程基础。尼利（Neely，2008）对比了服务化与未服务化的传统制造企业在经营绩效的差异，指出服务型的制造业不论是企业盈利还是生产质量都有显著提升。刘林青等

---

① 朱永跃，马志强，唐青，刘兵.国内外制造业服务化研究述评——基于文献计量分析［J］.预测，2013，32（5）：75 – 80.
② 何哲，孙林岩，朱春燕.服务型制造的概念、问题和前瞻［J］.科学学研究，2010，28（1）：53 – 60.
③ 建强.服务型制造企业服务衍生的存在性研究［J］.科学学与科学技术管理，2015，36（12）：119 – 127.

（2010）提出，服务主导逻辑下服务是一切交换活动的基础，一切经济均可视为服务经济。特别是在信息化和全球化的时代背景下，越来越多的工业生产企业主动应用服务主导的逻辑思维，因此，以服务主导逻辑为基础的制造业服务化转变应是企业发展的必然趋势。

　　关于共享制造的相关研究。斯蒂芬和米勒（Stephen & Miller，2016）提出，共享经济兴起于交通、住宿等服务业领域，后期才逐步拓展到制造业领域。陈万明团队基于对共享经济与传统产业融合发展问题展开系列研究，深入论证了共享经济在产业创新中的重要作用，特别是着眼于其与制造业的创新融合研究，形成以制造业的"智造共享模式"为主线的研究新领域。其中，鲍世赞和蔡瑞林（2017）从智能制造共享及用户体验的角度将共享经济融合智能制造企业进行研究。史竹琴和蔡瑞林（2018）则从共享经济作为极有价值的商业模式创新，论述其与工业企业的生产结合可以更有效地推进企业实现智能制造。

　　已有研究虽然已经关注制造业企业服务化的创新发展进程，但是将共享经济业态特征纳入制造业企业服务化创新体系中的研究较少。据此，本章将基于已有研究成果和成功案例，以服务主导的共享逻辑为背景，深入分析服务型制造业企业共享模式创新的理论构念，着重于由技术升级的单要素环境创新发展，到管理升级的企业共享生态创新实现复杂过程的解析，为中国制造产业创新发展提供切实可行的创新管理范式。

7.2　研究设计与数据分析

7.2.1　研究方法

　　本章着眼于企业服务化过程中的共享经济模式创新，由于"服务"与"创新"的无形性特征，无法直接提出理论假设并进行实证研究，需要将研究对象放置于可被观测的实景场所，因此，依据案例分析的扎根理论所展开的质性研究，可以为理论基础缺乏的创新构想建立切实可行的实景情境单元，或许更有利于理论研究的分析与突破，从而提升研究的信度①。施特劳斯（Strauss，1997）主张的通过开放性译码、主轴译码和选择性译码进行逐步分析和提炼资料的程序化扎根方法适合于本章的研究需要②。尹（Yin，2003）提出通过纵向单案例来展示现象随着时间变化而发生变化的过程，比大样本实证研究可以更贴近理论构念，特别是对基于时间演变的现象分析，可以发现，现象背后隐含的动态机制及其作用机理③。因此，拟选择沈阳机床厂为研究母本构建理论，其可行性在于：（1）沈阳机床厂近百年的发展历程让其具备典型的纵向时间演变历程，符合纵向单案例研究的基本要求。（2）沈阳机床厂不断革新的历程，可以提供丰富的情境单元，诸如传统制造业企业的典型情境，以及向服务型智能制造企业转型的独立情境。（3）沈阳机床厂近年的创新举措，加之企业信息披露系统完善，文献研究资料充分，在学术界和行业间皆引起了高度的关注度。（4）沈阳机床厂与航空航天研究机构有长期合作关系，有利于调研工作和数据的采集工作，由此可以确保全面可靠数据的来源。

7.2.2 研究对象

沈阳机床集团前身是创建于 1935 年的沈阳第一机床厂，在 1995 年由原沈阳第一机床厂、中捷友谊厂和沈阳第三机床厂通过资产重组后成立，后并购德国希斯公司、重组云南机床厂、控股昆明机床厂，形成中国沈阳、昆明及德国阿瑟斯雷本三大产业集群，构成跨地区、跨国经营的全新布局。集团产品广泛进入航空航天、汽车、船舶、能源等重点行业核心领域和消费电子等新兴产业，向欧洲、美洲、亚太等地区 10 多万个用户提供机床产品和相关服务。沈阳机床集团是为数不多能够较为成功地完成制造业"三连跳"的老工业基地，即通过搭建以企业为主体、产学研结合、开放式的社会化创新体系，实现由典型的传统"制造业企业"向创新型的"智能制造企业"转型；通过创新实施 i5 战略计划，包括"i5 平台系统"的研发，构建智能制造与共

---

① 黄江明，李亮，王伟. 案例研究：从好的故事到好的理论——中国企业管理案例与理论构建研究论坛（2010）综述 [J]. 管理世界，2011（2）：118 – 126.

② Strauss A, Corbin J. Grounded Theory in Practice [M]. Thousand Oaks, CA：Sage, 1997.

③ Yin R K. Case Study Research：Design and Methods [M]. Sage Publications, 2003.

享运营载体，优化服务创新模式，集团成功实现由"智能制造企业"向"服务型智造企业"的初期转型。企业更是依托"i5 系统"构建核心智造技术平台和共享工业服务平台，提出构建"智造共享新生态"的企业发展愿景。①

7.2.3　数据分析过程

本书研究数据主要包括一手数据和二手数据，其中，一手数据是团队通过长期跟进调查，通过实地、电话和网络三种方式与企业相关人员进行访谈和咨询，并整合实地考察的描述性记录而得；二手数据主要来源于沈阳机床厂公布的官方信息、主流媒体的新闻报道，以及公开发表的学术论文和企业相关书籍杂志。通过多渠道进行多方验证，以保证研究数据的信度与效度。本书数据的具体内容如表 7 -1 所示。

表 7 -1　　　　　　　　研究数据细节描述

类型	来源	对象	内容	获取时间
一手数据	实地考察	智能工厂、智造基地、5D 智造谷、创慧投资管理公司	赴湖北省圣伟屹公司、河南新乡市广红机械设备有限责任公司	2017 年、2018 年
	电话访谈	企业管理人员、智能学院、沈阳机床设计研究院	访谈沈机集团中层主管；装备制造职业技术学院和莱芜职业技术学院教师	2016 年、2017 年
	网络咨询	优尼斯工业服务管家、智能云科投资公司	通过两个子公司官方网站在线咨询功能完成	2016 年至今多次咨询
二手数据	官方信息	沈阳机床股份有限公司及其旗下 13 个子公司官方网站信息	官网发布数据、年度业绩报告等信息	2016 年至今实时采集
	网络信息	上海优尼斯工业服务有限公司公众号、5D 智造谷公众号、沈阳机床股票信息	实时监测研究对象发展动态	2016 年至今实时采集
	文献资料	核心研究文献、报纸杂志、新闻报道	CSSCI 收录 44 篇；报纸报道 480 余篇	2016 年至今实时采集

资料来源：笔者整理。

_____

①　资料来源：沈阳机床集团 2019 年重组前公司官网。

本书将遵循科学的逐级译码技术程序，通过组建译码小组，形成全面即时的研究记录，再依托匿名问卷形式，将主体资料和译码所对应的概念范畴发放给 10 位相关领域专家，并比对专家回复意见，反复修正译码内容，最终采用质性数据分析（Nvivo11）软件进行变量间的共现关系分析，实现信度和效度检验。依据程序化扎根理论中高度系统化和程序化的译码标准，逐级译码和理论构建包括开放性译码、主轴译码、选择性译码和理论构建四个程序化过程，按企业服务创新的纵向时序演进历程，进行动态化标签，形成节点，提炼概念，再依据逻辑关系确定范畴类别，验证分析概念和范畴间的关系，由此构建制造业企业共享模式创新实现机理的典范模型。

7.3　案例分析及主要发现

7.3.1　开放性译码

确立分析维度，依据主轴编码的典范次序"因果条件→现象→脉络→中介条件→行动策略→结果"，形成基本的分析框架"环境条件（I）→创新要素（N）→运行风险（R）→创新效果（E）"，以制造业为初始环境，对引文数据库中数据进行分析。首先通过专家多轮背对背评分编码和多次抽取，从初次收集的 1 898 条引文中提取 1 667 条有效条目；其次按照企业发展的引文时序精炼形成 1 357 条（i_x）一级引文。经过作者及相关专家反复研讨，结合企业纵向发展历程及时代背景，发掘并抽取关键词进行概念化和范畴化，从而形成围绕制造业企业共享模式创新实现机理的基本构念，包括概念（c_x）29 个、副范畴（s_x）13 个、主范畴（m_x）4 个。具体如表 7 - 2 所示。

表 7 - 2　　智能制造企业共享式服务创新实现路径的开放性译码

主范畴	m_1 技术变革	m_2 市场环境	m_3 管理变革	m_4 创新战略
副范畴	s_1 基础智造技术；s_2 互联网技术；s_3 平台介质技术	s_4 顾客需求；s_5 市场机会；s_6 不确定情境	s_7 管理认知；s_8 融合策略；s_9 布局策略；s_{10} 管理技术	s_{11} 模式创新；s_{12} 内容创新；s_{13} 创新形式

主范畴	m_1 技术变革	m_2 市场环境	m_3 管理变革	m_4 创新战略
概念	c_1 技术创新；c_2 设计创新；c_3 工艺创新；c_4 数字信息嵌入；c_5 互联网战略；c_6 平台战略	c_7 品质战略；c_8 用户战略；c_9 市场格局；c_{10} 产业发展环境；c_{11} 政策环境；c_{12} 共享经济环境	c_{13} 原动力激发战略；c_{14} 人才战略；c_{15} 效率战略；c_{16} 跨界战略；c_{17} 联盟战略；c_{18} 集群战略；c_{19} 扩散战略；c_{20} 战略管理；c_{21} 管理创新；c_{22} 结构化改革	c_{23} 业态模式创新；c_{24} 商业模式创新；c_{25} 创新文化；c_{26} 低成本创新；c_{27} 开放式创新；c_{28} 颠覆性创新；c_{29} 自主创新
一级引文列举	……i_{10} 沈机自主研发多款机床皆是世界首创，以新技术、新理念引发加工方式的变革；i_{21} 沈机的数控技术可以代表中国制造的最高水平，也是智能制造的"领头羊"，在核心技术上的突破和创新让其掌握发展的主动权……	……i_{690} 工业服务是需要突破传统的产品营销模式，形成以产品和用户为中心，解决市场不确定需求的企业能力；i_{1005} 沈机加强市场端人力布局，细分市场，以产品为载体，通过高聚焦、专业化、高质量低成本实现市场占有率的突破……	……i_{618} 挖掘世界顶级研发人才，吸收具有国际视野和一流水平的顶级人才，培养具有超强学习力的新生代，发挥人才特长优势；i_{173} 建立工业小镇，智能工厂、智造基地和服务基地，推广智能制造项目，重构产业集群发展格局，形成网络化发展态势，扩大企业影响力……	……i_{557} 实施工业互联网战略，改变工业生产模式，改变商业营销模式等；i_{932} 沈机搭建从技术到产品，再到工厂和工厂体系的智能制造新业态，实施 i5 战略计划，包括设计研发创新、金融创新和服务创新，由此构建智造共享新生态……

资料来源：笔者整理。

7.3.2　主轴译码与构念测度

7.3.2.1　构念提取

开放性译码得出的范畴之间相互独立，但是却存在一定深层次的逻辑关系，因而需要依赖于主轴译码技术进行剖析现象的条件及脉络，以及事件中采取的行动及形成的策略和结果，据此形成主副范畴之间的基本归属关系，梳理出机理的构念。主轴译码的过程和结果如表 7-3 所示。

表 7 - 3   共享模式创新实现机理的构念维度及典范模型

构念	前置环境	运行机制		
维度	技术变革	市场环境	管理变革	创新战略
因果条件	c_1 技术、c_2 设计、c_3 工艺、c_4 数字信息嵌入、c_5 互联网战略→c_6 平台战略	c_7 品质、c_8 用户、c_9 市场→c_{10} 产业发展 c_{11} 政策环境→c_{12} 共享经济环境	c_{13} 原动力、c_{14} 人才、c_{15} 效率→c_{16} 跨界、c_{17} 联盟、c_{18} 集群、c_{19} 扩散→c_{20} 战略、c_{22} 结构化改革	c_{23} 业态、c_{24} 商业模式→c_{25} 创新文化、c_{26} 低成本→c_{27} 开放、c_{28} 颠覆、c_{29} 自主创新
现象	s_1 智造技术	s_4 顾客需求	s_5 管理技术	s_{11} 模式创新
脉络	s_2 互联网应用技术	s_7 市场机会	s_8 融合策略，s_5 布局策略	s_{12} 内容创新
中介	s_3 平台介质技术	s_8 不确定情境	s_6 管理认知	s_{13} 创新形式
行动策略	通过智造技术和互联网战略融合，利用数字信息构建生产平台和服务平台	通过经济政策不确定性引发创新的激励与选择效应，形成新的市场格局与政策导向以适应高质量发展趋势和用户需求变化	通过结构化改革、创新融合以及颠覆性的布局战略触发共享经济成为原动力，形成服务制造业	通过成本、文化等的内涵创新实现向新型业态和新商业模式的过渡，逐渐实现企业颠覆性的创新效果
结果	形成服务制造业态的基本存在基础	形成共享模式创新实施的市场环境	形成共享模式创新实施的组织环境	形成共享模式创新的演进路径

资料来源：笔者整理。

7.3.2.2 前置环境的构建

服务型制造业共享模式创新的实现机理是前置环境的构建。

（1）沈阳机床厂的前置环境是以世界首台网络智能数控系统（i5 系列机床）的研发为开端，打破技术壁垒，掌握数字控制技术和智能终端为载体的核心技术产品，形成具备工业化、信息化、网络化、智能化、集成化的产品基因，为后期企业属性由制造商向服务商的转型，企业发展经营管理模式的变革，以及企业创新战略的实施提供了基本载体，如图 7 - 1 所示。

前置环境的构建可以突破技术约束与时空障碍，为共享模式创新的实现提供基本的环境支持体系。前置环境重构的过程包含两个层面：一是基于生产技术创新实现的制造业基础性变革，包括工艺创新、设计创新等；二是通过在制造技术中嵌入数字信息技术和互联网技术引发的管理技术变革。前置

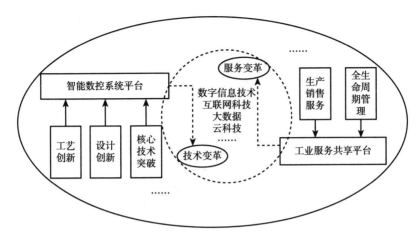

图 7 - 1　共享模式创新实现的前置环境

环境构建的目标是将智造技术与互联网科技、大数据应用相融合，构建集生产、销售和全生命周期管理等于一体的可共享的互联网智造服务平台介质，从而突破物理时空的约束，为制造业智造服务生态的构建提供载体，使多主体实时参与制造并共享成果成为可能。

（2）结合沈阳机床厂的发展数据可见，其在掌握创新变革的核心技术、完成前置环境的构建后，敏锐关注到市场环境的变化，意识到企业需要实施从以"制造"为中心，向以"服务"为中心的转型，以此创造自身竞争优势，改善经济和环境绩效，加快产业转型升级。企业将顾客价值提到运营的主体地位，充分利用共享经济业态发展的利好政策，及时变革企业内部运营管理机制。首先，通过建立尤尼斯工业服务平台，自主投资成立盈和投资公司，联合神州数码和光大金控共同投资成立创汇投资管理公司，成立以"工业 4.0"和"互联网 +"理念为框架的智能云科信息科技有限公司，用以提供高端服务。由此沈阳机床集团实现由简单制造业向智造服务业的转型，形成企业全新管理格局。其次，通过创新战略实施，打造智造学院、智能工厂、工业小镇以及 5D 智造谷，实现企业颠覆式的发展布局创新。不断扩大企业生产的参与主体，利益的共享主体，实现由产品生产向全方位、全价值链和全生命周期管理的一站式标准化工业服务提供的转型，实现企业软价值和软实力的提升。

7.3.2.3　运行机制

构建服务型制造业企业共享模式创新的实现机理，如图7－2所示。

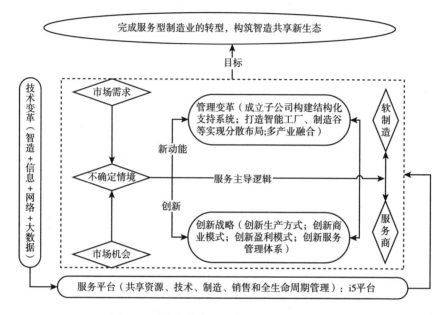

图7－2　共享模式创新实现机理的典范模型

图7－2中包括技术变革和服务平台的前置环境与虚线框内涵盖的运行机制变革过程，共同构成共享模式创新实现机理的典范模型。前置环境是制造业企业共享模式创新实现的前提条件，运行机制变革则是其实现的核心过程，市场环境的变化是弥合两者的重要因素，其中包括：需要注重顾客价值的市场需求，经济新动能所激发的政策新导向所带来的不确定情境，以及市场结构化变革所带来的机会。管理技术变革和创新战略是共享模式创新实现的重要环节。企业需要重新审视企业创新的原动力，评估人才及效率水平，积极融入产业链的多环节，通过联盟、跨界合作、集群和扩散并举的方式实现企业的结构化改革和宏观布局的革新。因此，基于新动能的管理变革和复合的创新战略，对共享模式创新的发展起到推动和修正的作用。共享模式创新的主导逻辑是"服务"，贯穿创新实现的全过程，推动传统制造业完成服务化的转型，由"廉价的硬制造"向"优质软制造"转变、由"简单制造商"向"工业服务商"升级，以此实现制造业的共享生态。

7.3.3　理论饱和度检验

关于数据饱和度的检验。由于本书采用的是纵向的数据采集过程，对每一个采集点进行较为完备的横向采集与比较，完全排除具有相同数据对象后再进行下一阶段采样，直至涵盖所有阶段数据才停止采样。同时为了保证研究的信度，通过对三位不同领域专家再访谈，对博世集团等六个不同的典型创新型制造业企业信息再挖掘，以及对相关主题文献再收集，以此检验理论饱和度。三个检验步骤所得的概念范畴均被 4 个主范畴和 13 个副范畴覆盖，据此得出本章研究的理论已经达到饱和。

7.4　本章小结

本章基于对案例的纵向扎根分析，从共享经济的视阈深度解析了制造业企业共享模式创新实现的两大基本构念及其相关的四个维度。由此可见，制造业的"智能化"和"服务化"变革趋势已势不可挡，企业新一轮的创新变革势在必行，互联网科技的参与和共享经济新动能的作用更是至关重要。因此，在新一轮制造业企业创新升级过程中需要重视以下三个方面。

（1）重视制造业"服务化"的主导价值体系的构建，重视共享经济模式对于制造业变革的动力作用。在对沈阳机床厂 83 年发展历程的纵向发掘中，可以充分验证以服务为主导逻辑的共享模式创新对于制造业企业转型升级具有重要推动作用，可以促进企业成功升级。

（2）积极利用创新战略促进制造业企业管理变革，从而适应新时期和新环境的发展需求。共享模式创新可以驱动制造业企业通过技术自主创新和管理系统的颠覆式创新，以应对目前中国制造业面临的两大主要问题——保底的核心技术创新力薄弱和系统的流程管理变革壁垒。通过共享模式创新可以促进政府宏观规制，企业自主创新，市场全面主导的完善新经济环境所需的服务与保障体系的建设，支持中国制造业抢占新一轮经济变革的制高点。

（3）服务型制造业的发展趋势是构建完备且可持续发展的"智造共享新生态"。由此推进中国制造业由"简单制造业"到"智能制造业"，再到"服务制造业"的转型，打破"廉价硬制造"的产业格局，发展"优质软制造"的新业态，不再局限于传统"制造产业链"，而是构建立体的"制造价值生态网"，支持传统产业的创新并实现升级，创造更大价值。

第8章 中国产业创新中共享逻辑的提炼[*]

8.1 共享元素与基因分析

8.1.1 微观经济中的共享元素

共享经济的"共享"元素可以触及制造业部分环节"成本高、效率低"的痛点，展现出为制造业转型升级减负的能力，而其"服务性、技术性"特征，则可能成为制造业企业实施服务创新的重要路径。李海舰等探索了工业经济发展叠加共享经济、数字经济以及虚拟经济等对宏观发展及中观产业环境的影响，提出微观企业发展的"八大元素"等创新观点①。基于此，本章将以"八大元素"之一的"共享元素"为核心，从共享经济模式被纳入工业企业服务化变革的微观视角，实施细化研究，提炼共享式服务创新在制造业企业服务化创新中的应用框架。

8.1.2 制造业创新发展中的共享元素

制造业的服务化研究并非一个新课题，但是将共享经济等新模式纳入服

---

  * 戴克清. 共享式服务创新的基因遗传、表达与成长——基于制造业纵向案例的扎根分析 [J].
管理评论，2020，32（10）：324-336.

① 李海舰，李文杰，李然. 新时代中国企业管理创新研究——以海尔制管理模式为例 [J]. 经
济管理，2018，40（7）：5-19.

务化创新体系，却是一个新领域。特别是在当下共享经济作为颠覆传统产业形态的重要载体，推动着制造业的新一轮变革，影响着制造业企业呈现出以市场、用户为导向的被动服务化，向以新经济和新业态为导向的主动服务化转变。因此，对这一领域的探索，迫在眉睫、极具价值。从时代背景来看，中国情境下共享经济概念的外延和内涵均已被拓展，例如共享的核心主体，不仅包括了西方研究所强调的"闲置产能和资源"，还包含中国研究情境下提出的"非闲置产能和资源"，已然形成独具中国特色的产业创新现象。从政策红利来看，2019 年的政府工作报告、工业和信息化部出台的具体政策，均提出要加快培育共享经济等新模式新业态在制造业的应用。从发展前景来看，共享经济是一种技术、制度与组织的组合创新方式，能够大幅降低制造业企业生产、交易过程中产生的成本，通过共享的生产和服务模式，打破制造业时空距离、要素流向和权属关系等传统形态的局限，促使所有者与使用者、生产者和消费者的身份置换，扩展分工与合作的秩序及方式，提高制造业资源匹配与利用的精准度与效度①。从理论基础来看，企业的服务化和创新行为之间互为诱因，与诸多专家预测的"共享经济将'格式化'制造业的产业形态，诱发企业全面服务化转型"相一致②。

8.1.3 研究的问题与价值

基于本书前 7 章内容，虽然分别从服务业、制造业等中国不同产业层面论证了共享经济视阈下的中国产业创新发展现状，但是在中国产业创新过程中所呈现的共享已然不是原始意义上的共享经济，而是具有中国特色的，以共享经济中的共享为核心逻辑的，兼具平台经济中的介质元素、数字经济中的云端概念等诸多新经济核心要素，共同形成的创新发展新动能。据此，本章将继续通过对制造业创新升级中"共享"与"服务"两大理论范畴统一，提炼共享式服务创新的核心构念，明确在共享逻辑下以制造业为代表的中国

---

① 向国成，钟世虎，谌亭颖，等. 分享经济的微观机理研究：新兴古典与新古典 [J]. 管理世界，2017（8）：170 - 172.

② 肖挺. 制造企业服务化商业模式与产品创新投入的协同效应检验——"服务化悖论"的一种解释 [J]. 管理评论，2019，31（7）：274 - 285.

产业创新能量，为中国产业升级路径的优化和有效竞争战略的选择提供理论依据。

　　本章通过分析企业的服务创新现象，梳理共享元素在制造业服务化转型中的作用机理，探析与当下共享制造生态相匹配的服务创新发展新模式。将采用探索式案例分析的方式，继续围绕沈阳机床集团（以下简称"沈机"）的发展历程，展开纵向深入分析。以基因遗传理论作为案例研究的分析框架，完成对共享式服务创新理论来源、要素表达、动源基础和成长路径的探索。拟解决以下问题：一是共享式服务创新的理论来源、基本内涵及要素特征，重点探索共享经济模式与制造业服务创新相契合的理论基础；二是共享式服务创新在制造业企业的运行机理和动源基础，重点分析共享经济模式在企业系统中的变化过程，以及可能的动力来源；三是共享式服务创新基因成长路径，重点厘清直接影响因素及中介条件，以及企业从技术或服务等单要素，向共享生态等多主体、多层级创新发展的演进过程。

　　理论贡献具体包括两个方面：（1）进一步细化和丰富了服务创新理论。通过共享式服务创新理论框架的构建和成长路径的识别，可以有效丰富广义"服务创新"的研究内容。共享式服务创新与传统服务创新理论发展的区别，主要体现在三个方面：第一，理论发展的基础情境不同。共享式服务创新理论建立在互联网、平台介质等技术情境，以及价值与生态的管理情境之上。第二，理论发展的价值追求不同。共享式服务创新是由商品主导逻辑向服务主导逻辑的彻底转变，忽略产品的最终价值，追求利益相关者的价值"共创"与"共享"。第三，理论演进目标不同。共享式服务创新打破传统生态链，构建生态网，以多利益主体和多层级共存的活性生态系统为发展目标。（2）可以为中国特色社会主义经济环境中的共享经济发展的理论基础提供剖析的新路径。通过共享式服务创新基因要素和动源基础的识别，可以进一步厘清共享经济中共享逻辑在多产业领域创新中的作用方式，由此拓展中国化的广义共享经济理论应用范围。同时，共享式服务创新理论架构中所提取的"服务性"共享元素，有别于交易成本、产权、知识经济、社会行为等现有研究视角，或可为中国化的广义共享经济理论的进一步研究提供新思路。

8.2 文献衔接与分析框架

8.2.1 文献衔接

关于共享制造的相关研究。共享制造是以公平、透明的原则，以供需双方的互助、互利、互惠为其根本目标，将制造业的闲置资源合理匹配、共享，以此实现制造业供需双方的地位平等、信息对称，由此促成制造业行业内资源的合理配置①。共享制造的实现过程体现在多个制造业主体，将生产资源智能化、弹性化、模块化地与需求进行对接的一种生产模式和生产组织形态，具备制造业在全生产流程上集约、高效、灵活等特点（张玉明，2017）。依托数字化发展技术，工业互联网等制造服务的共享平台是共享制造的重要技术介质，数字化和网络化同时也改变了制造业的生产函数，形成共享制造独有的经济学机理（Jiang & Li，2019）。中国的共享制造目前体现出政府支持、企业积极参与的态势。从行业结构来看，互联网企业发起的共享制造平台和大型制造业企业推动的共享制造平台展现出并驾齐驱的趋势（国家信息中心，2019）。共享制造被分为三种类型（向坤和杨庆育，2020）。一是协同型共享制造，以小型制造企业相互之间的制造资源共享和共同接单作为特点，例如共同使用办公空间、生产线、生产工人等资源，以共享工厂为主体形式。二是共创型共享制造，以共享制造平台为基本要素，形成制造设备、共性技术、制造产能等方面的集聚，通过资源、制造与需求三方共享，降低制造成本，以上海工业控制系统安全创新功能型平台为代表。三是交易中介型共享制造，以轻资产模式为特点，借助平台降低交易成本，形成信用担保的交易规则，为闲置的制造产能共享提供路径，以淘工厂为代表。

8.2.2 分析框架

企业基因分析理论从最初以基本因素的简单分析框架，到后期结合仿生学和生物基因学的复杂模型，理论发展丰富，实践基础扎实，可以将复杂的

---

① 俞春阳. 共享制造模式下的计划体系研究［D］. 杭州：浙江大学，2016.

研究对象置于系统框架中，确保研究过程的严谨性和科学性。据此，拟引入企业基因分析框架，作为能够涵盖多重动态要素的系统分析框架，依据如下：第一，适用于具有生命体特征的复杂研究对象。若将企业视为一个有机生命体，更易于系统剖析共享式服务创新构念的来源及其影响企业发展的每一个信息、要素、片段和性状[①]。第二，基因分析框架所涵盖的基因要素与共享式服务创新所携带的技术、资源、模式、管理和系统等要素一致。企业的基因分析从早期企业家、公司治理、技术与文化、基本制度等，衍生到包括商业模式、管理模式、资源支持系统和组织架构等在内的复杂结构[②]。第三，基因概览在包络研究对象的异质性发展特征的同时，可以兼顾群体属性，有助于弥补本章单案例研究对案例群属特征的需求。例如，将企业视为一种生物体，通过基因的遗传复制，可以考察企业的异质性特征及同质化传承[③]。第四，基因分析已经是比较成熟的分析框架，可以系统支撑提出的创新构念。基因分析自被引入经济管理研究领域，形成企业基因模型、基因优化等研究成果[④]。据此，本章将聚焦横跨 83 年发展历程（1935~2018 年）的案例对象，置于"基因遗传（GH）→基因要素（GI）→基因表达（GE）→基因成长（GD）"的完整分析框架之中，如图 8-1 所示。

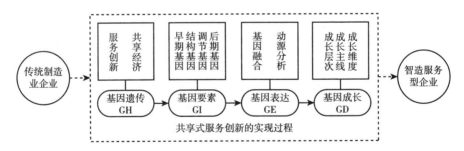

图 8-1 研究框架

① Baskin K. Corporate DNA: Organizational Learning, Corporate Co-evolution [J]. Emergence, 2000, 2 (1): 34-49.

② 揭筱纹，涂发亮. 企业基因：企业动态战略能力的基石 [J]. 武汉理工大学学报（社会科学版），2011, 24 (2): 222-226.

③ 邵剑兵，刘力钢，杨宏戟. 基于企业基因遗传理论的互联网企业非市场战略选择及演变——阿里巴巴社会责任行为的案例分析 [J]. 管理世界，2016 (12): 159-171.

④ Tichy N M, Sherman S. Control Your Destiny or Someone Else Will [M]. New York Harper Business, 1993.

本章将制造业企业视为一个有机生命体，从"传统制造业企业"向新型的"智能制造服务型企业"转型升级，形成企业进化的过程黑箱。共享式服务创新作为企业实现进化的核心推手，也是解构黑箱的主要抓手。研究框架以传统制造业企业为本轮基因传递的起点，具体解构步骤包括：第一阶段的基因遗传（GH）过程，以"服务创新"和"共享经济"为企业进化的基因来源，明确共享式服务创新构念的理论传承。第二阶段的基因要素（GI）形成过程，结合早期基因，提炼构念的结构化基因、调节基因和后期基因，形成企业进化的完整基因要素群①。基因结构化要素重组过程也是核心构念要素的形成过程。第三阶段的基因表达（GE）过程，可视为遗传信息的转录和优化过程，也是核心进化内容共享式服务创新在相应动力作用下，与企业已有组织系统间的融合过程②。第四阶段的基因成长（GD）过程，可视为企业新系统的形成过程。至此，到达本轮基因传递的终点，实现共享式服务创新举措，推动企业完成进化③。

8.3　案例选择及研究设计

8.3.1　案例选择及介绍

本章拟选择沈阳机床集团为研究母本，主要原因：一是沈机推出了"共享机床"的服务化创新举措；二是沈机积极搭建服务平台，实施服务化转型；三是沈机存续时长与发展广度，适宜实施纵向案例的深度扎根分析；四是沈机的社会曝光度高，信息披露系统完善，文献研究资料充分，且与航空航天研究机构有长期合作关系，可以确保全面可靠数据的获取。

沈机自 1935 年创建，经历多次资产重组和并购，形成多产业集群、跨地区、跨国经营的全新布局，并积极搭建以企业为主体、产学研结合、开

---

①　王伟. 基于企业基因重组理论的价值网络构建研究 [J]. 中国工业经济, 2005（2）：58 – 65.

②　王丽娟. 基于基因表达视角的企业文化 [J]. 经济管理, 2009（5）：103 – 108.

③　张玉明，朱昌松. 企业基因理论研究述评 [J]. 东北大学学报（社会科学版），2012, 14（6）：494 – 499, 505.

放式的社会化创新体系，致力于由"传统制造业企业"向新型的"智造服务型企业"转型。"i5 平台系统"的成功研发，搭建了"智造共享"服务创新的实施载体，推动了共享经济模式在企业的融合发展。因此，沈机作为研究样本，符合共享式服务创新基因采集的基本环境要求，采样时间截至 2018 年 10 月。

8.3.2　研究方法

纵向单案例（longitudinal case）可以展示现象随着时间变化而变化的过程，通过构建"过程理论"（process theory）对共享式服务创新的形成和发展进行动态解析。与大样本的实证研究相比，案例研究可以更贴近理论构念，通过对现象细节的丰富描述，揭开理论黑箱，由此发掘随着时间的演变，现象背后隐含的动态机制①。由于共享式服务创新构念雏形中"共享元素"的不确定性，以及"服务"与"创新"的无形性，无法直接提出理论假设并进行实证研究。因此，需要借助于案例研究来科学地延伸现有理论或构建新理论，将研究对象放置于可被观测的实景场所。以纵向案例作为丰富的质性数据和演绎式研究之间沟通的桥梁，再以扎根分析的方法提取构念、构建理论，并证实所构建理论的可验证性与普适性。扎根理论应用的宗旨是在经验资料的基础上构建理论，非常适合于解析基于案例现象提炼的研究问题，以此解构共享式服务创新基因要素形成及成长的理论黑箱②。

8.3.3　数据收集及研究设计

研究团队通过长期跟进研究，采用实地考察、网络调查等多种方式，获取丰富的一手数据和二手数据。一手数据获取过程：一是研究小组在 2016 年、2017 年和 2018 年连续 3 年到沈机制造基地、建湖 5D 制造谷、湖

---

① 黄江明，李亮，王伟. 案例研究：从好的故事到好的理论——中国企业管理案例与理论构建研究论坛（2010）综述［J］. 管理世界，2011（2）：118 – 126.

② Strauss A L. Qualitative Analysis for Social Scientists［M］. Cambridge：Cambridge Univ. Press，1987.

北省圣伟屹公司、创慧投资管理公司等地进行现场观察。二是借助面谈和电话两种方式，开展深度访谈，受访者包括：沈机制造基地的中高层管理人员 5 人，约 170 分钟；5D 制造谷相关负责人 2 人，约 75 分钟；优尼斯工业服务管家相关人员 5 人，约 320 分钟；智能云科投资公司相关人员 4 人，约 210 分钟；装备智造科研人员和培训导师 9 人，约 240 分钟；相关小微主体 5 人，短时多次。三次考察实施的正式和非正式访谈共涉及 30 人，41 人次。三是后期材料整理过程中，研究团队通过电子邮件、微信及电话等方式，进行多次非正式沟通以补充所需的信息资料。二手数据主要来源于：一是沈机公布的官方信息，提取相关信息及历年财务数据约 1 679 条；二是主流媒体的新闻报道 480 余篇；三是公开发表的学术论文 96 篇，企业相关书籍、杂志若干。通过获取多渠道资料，进行三角验证，确保研究数据的信度与效度。

拟遵循科学的逐级译码技术：一是组建译码小组，分别邀请经济学、管理学、工业工程以及机械制造四个不同学科背景人员，职业依次为高校教师、民企领导、博士研究生和国企基层管理人员，规避译码者知识结构、从业环境及经验所形成的主观偏见，确保译码的开放性与科学性；二是形成全面即时的研究记录，确保资料收集、研讨及修正内容的全面准确；三是通过匿名问卷形式，将主体资料和译码所对应的概念范畴发放给 10 位相关领域专家，并比对专家回复意见，反复修正译码内容。四是采用质性数据分析（Nvivo11）软件进行变量间的共现关系分析，检验数据信效度。依据程序化扎根理论中高度系统化和程序化的译码标准，逐级译码和理论构建包括四个程序化过程：一是开放性译码，根据企业服务创新的纵向时序演进历程，对案例创新过程和战略部署的顺序进行梳理、描述、动态化标签，形成节点，提炼概念，再依据逻辑关系确定范畴类别。二是主轴译码，依据开放性译码的基本范式，提炼分析框架所需的核心范畴，形成基本分析维度。三是选择性译码，通过构念间的逻辑关系分析，验证系统中各个范畴与分析维度之间的关系，补齐概念化尚未发展完备的范畴。四是理论构建，把编码过程中形成的概念和范畴进行系统化分析，形成共享式服务创新的理论要素和成长路径。

8.4　案例分析及主要发现

8.4.1　共享式服务创新的基因遗传

　　"共享"与"服务"在研究基础上的统一是确立共享式服务创新基因遗传的关键，通过对核心构念的理论分析，立足于服务创新和共享经济等已有成果，梳理出涵盖共享式服务创新实现的基因遗传基础。具体包括：一是以创新为主线的演进脉络。广义服务创新、开放式服务创新、低成本创新等创新理论的演进，与共享经济模式下企业服务化转型的创新实践相契合，因而创新理论可作为共享式服务创新的理论来源。二是以资源为特征的要素相融。企业服务化转型对有形资源，例如耐用品、生产线等闲置资源或过剩产能有"共享"的需求；而共享经济模式则需要以"服务"为载体。三是以价值迭代为核心的目标趋同。服务主导的价值逻辑，决定了包含共享元素的服务交易产出，不是基于一次性消耗品的"瞬时价值"，而是延伸到全制造价值链的"过程价值"，形成价值的迭代增值。四是以信息技术为主体的介质趋同。互联网等信息技术不仅是共享经济"去中介，低成本"产销模式的技术基础，也可以与智造技术一起推动制造业企业的服务创新。明确基因遗传的来源，可为下一步解析共享式服务创新的基因要素、实现机制和成长路径等核心问题提供基础。

8.4.2　共享式服务创新的基因要素提取

　　通过专家多轮背对背评分编码，从案例材料中整理出 1 898 条引文；对引文进行多次抽取后，形成有效条目 1 667 条；通过对有效条目的再精炼，形成 1 357 条一级引文；按照企业发展的时序对一级引文进行精炼，提取关键词（a_x）388 条[①]。经过笔者与相关专家反复研讨，依据分析框架，结合企业纵向发展历程及时代背景，对相应引文条目抽取的关键词进行概念化和范

[①]　限于篇幅，未报告基于案例数据提取的 388 条关键词引文（a_x），详细资料可向笔者索取。

畴化，从而形成基本构念，提取主范畴为 4 个基因类别（G_x），副范畴为 21 个核心构念（s_x），以及 46 个基因要素（e_x），具体如表 8 - 1 所示。

表 8 - 1 　　　　　　　　　　共享式服务创新基因要素的开放性译码

基因类别（G_x）	核心构念（s_x）	基因要素（e_x）
早期基因（G_1）	s_1基础智造技术	e_1技术创新（a_{13} a_{14} a_{11} a_{78} a_{113} a_{161} a_{297} a_{366}）
		e_2设计创新（a_2 a_8 a_{77} a_{189} a_{227}）
		e_3工艺创新（a_{26} a_{190}）
	s_2市场机会	e_4市场格局（a_{56} a_{57} a_{58} a_{79} a_{266} a_{267} a_{268} a_{277} a_{367}）
		e_5产业发展环境（a_{159} a_{169} a_{173} a_{175} a_{274} a_{324} a_{327} a_{332} a_{345}）
	s_3管理认知	e_6原动力激发战略（a_{111} a_{131} a_{163} a_{195} a_{198} a_{279} a_{284} a_{343} a_{365} a_{369} a_{376}）
		e_7人才战略（a_{49} a_{50} a_{105} a_{258} a_{259} a_{260} a_{281}）
		e_8效率战略（a_{364} a_{229}）
	s_4价值洞察	e_9资源创新（a_{192} a_{212} a_{228} a_{311} a_{320} a_{321} a_{293}）
		e_{10}产品创新（a_{125} a_{126} a_{127} a_{183} a_{273}）
结构基因（G_2）	s_5互联网技术	e_{11}数字信息嵌入（a_{23} a_{24} a_{25} a_{142} a_{187} a_{191} a_{203} a_{241} a_{250} a_{323} a_{309} a_{337} a_{358}）
		e_{12}互联网战略（a_{118} a_{132} a_{133} a_{135} a_{162} a_{176} a_{197} a_{204} a_{207} a_{225} a_{248} a_{255} a_{296} a_{300} a_{303} a_{377}）
	s_6用户需求	e_{13}品质战略（a_{34} a_{39} a_{47} a_{48} a_{61} a_{363}）
		e_{14}用户战略（a_{35} a_{36} a_{37} a_{38} a_{40} a_{41} a_{43} a_{44} a_{45} a_{46} a_{114} a_{271} a_{278} a_{295} a_{328} a_{336}）
	s_7管理技术	e_{15}战略管理（a_9 a_{106} a_{107} a_{108} a_{130} a_{134} a_{171} a_{196} a_{245} a_{246} a_{252} a_{298}）
		e_{16}管理创新（a_6 a_{15} a_{28} a_{53} a_{92}）
		e_{17}结构化改革（a_3 a_7 a_{59} a_{333} a_{308}）
	s_8布局策略	e_{18}集群战略（a_{10} a_{27} a_{29} a_{88} a_{206} a_{215} a_{254} a_{347} a_{353} a_{354}）
		e_{19}扩散战略（a_{20} a_{32} a_{151} a_{152} a_{214} a_{348}）
	s_9融合策略	e_{20}跨界战略（a_{167} a_{168}）
		e_{21}联盟战略（a_{16} a_{18} a_{22} a_{70} a_{85} a_{87} a_{104} a_{120} a_{119} a_{165} a_{172} a_{180} a_{262} a_{263} a_{312}）
	s_{10}价值传递	e_{22}营销战略（a_{154} a_{158} a_{276} a_{288} a_{291} a_{386} a_{383}）
		e_{23}品牌战略（a_{157} a_{384}）
	s_{11}价值获取	e_{24}成本战略（a_{329} a_{330}）
		e_{25}成长性价值创造（a_{109} a_{110} a_{117} a_{123}）
	s_{12}内容创新	e_{26}创新文化（a_{116} a_{170} a_{213}）
		e_{27}低成本创新（a_{66} a_{67} a_{146} a_{147} a_{148} a_{149}）

续表

基因类别 （G_x）	核心构念 （s_x）	基因要素（e_x）
调节基因 （G_3）	s_{13} 平台介质 技术	e_{28} 平台战略（a_{76} a_{80} a_{90} a_{98} a_{100} a_{122} a_{164} a_{174} a_{178} a_{179} a_{184} a_{186} a_{188} a_{199} a_{224} a_{243} a_{282} a_{285} a_{305} a_{306} a_{307} a_{290} a_{292} a_{314} a_{315} a_{334} a_{342} a_{388}）
	s_{14} 价值主张	e_{29} 可持续发展战略（a_{141} a_{155}）
		e_{30} 价值共创（a_{219} a_{218} a_{220}）
	s_{15} 模式创新	e_{31} 业态模式创新（a_{239} a_{244} a_{256} a_{257} a_{235} a_{236} a_{237} a_{238} a_{325} a_{360} a_{359} a_{373}）
		e_{32} 商业模式创新（a_{124} a_{137} a_{156} a_{160} a_{181} a_{201} a_{208} a_{209} a_{210} a_{211} a_{177} a_{217} a_{221}）
	s_{16} 不确定 情境	e_{33} 政策环境（a_{55} a_{71} a_{72} a_{73} a_{74} a_{331} a_{335}）
		e_{34} 共享经济环境（a_{275} a_{289} a_{310} a_{322} a_{326} a_{231} a_{371} a_{372} a_{339} a_{351} a_{346} a_{349} a_{356} a_{357} a_{361} a_{362} a_{368} a_{370} a_{378} a_{379}）
后期基因 （G_4）	s_{17} 创新战略	e_{35} 开放式创新（a_4 a_5 a_{17} a_{99} a_{101} a_{102} a_{103} a_{341}）
		e_{36} 颠覆性创新（a_{19} a_{63} a_{64} a_{65} a_{69} a_{91} a_{95} a_{139} a_{264} a_{265}）
		e_{37} 自主创新（a_{12} a_{60} a_{93}）
	s_{18} 价值共享	e_{38} 利益相关者（a_{223} a_{230} a_{261}）
		e_{39} 协同创新（a_{193} a_{380} a_{374} a_{355}）
		e_{40} 创业就业（a_{222} a_{283} a_{352} a_{387} a_{233}）
	s_{19} 智造生态	e_{41} 制造技术生态（a_1 a_{21} a_{30} a_{31} a_{51} a_{52} a_{54} a_{75} a_{128} a_{136} a_{202} a_{200} a_{226}）
		e_{42} 智造管理生态（a_{121} a_{166} a_{205} a_{247} a_{251} a_{253} a_{216} a_{232} a_{269} a_{270} a_{280} a_{299} a_{304} a_{316} a_{317} a_{318} a_{319} a_{340} a_{350}）
	s_{20} 服务生态	e_{43} 商业生态圈（a_{62} a_{112} a_{115}）
		e_{44} 服务生态圈（a_{68} a_{89} a_{97} a_{140} a_{153} a_{129} a_{182} a_{185} a_{240} a_{272} a_{286} a_{287} a_{294} a_{313} a_{338} a_{344} a_{381} a_{382} a_{385}）
	s_{21} 支撑生态	e_{45} 研发用生态（a_{33} a_{42} a_{94} a_{194} a_{242} a_{301} a_{302} a_{375}）
		e_{46} 金融生态圈（a_{81} a_{82} a_{83} a_{84} a_{86} a_{96} a_{138} a_{143} a_{144} a_{145} a_{150} a_{249} a_{234}）

对沈机发展过程中显示的阶段性特征进行分析，提取共享式服务创新从孕育到成长过程中的各个基因类别。具体包括：早期基因（G_1），共享式服务创新形成的前期基础；结构基因（G_2），共享式服务创新形成的过程基础；调节基因（G_3），对整体的形成具有阻遏或激活作用的要素；后期基因（G_4），共享式服务创新发展成熟后的要素，也是本轮进化的成果。

8.4.3 共享式服务创新的基因表达及动源分析

开放性译码过程只能得到各个相互独立的范畴，范畴间存在的深层次逻辑关系还需要依赖主轴译码技术进行剖析，从而厘清主、副范畴之间的基本归属关系，及核心构念及其相应要素之间的作用关系。由此呈现完整的"基因表达"过程，动态地揭示共享式服务创新基因要素在企业系统里传递和融合的过程。主轴译码过程和结果如表 8 – 2 所示。

共享式服务创新成长过程涵盖的早期基因、结构基因、调节基因和后期基因四个基因类别，可以归入企业系统的六个基本概念维度：技术、市场、管理、价值、创新和系统，通过基因类别在各维度间的传递和融合，构成共享式服务创新的基因表达过程。

（1）共享式服务创新早期基因表达，构成共享式服务创新的前期发展环境与基础。通过对市场格局与产业发展环境的识别，洞悉资源创新与产品创新所蕴含的巨大潜在价值。通过技术变革、工艺创新和设计创新等举措，沈机实现从传统制造业向智能制造业升级的技术突破，为共享式服务创新提供技术环境。通过原动力激发战略、人才战略和效率战略，企业洞悉创新价值，推动管理变革，提高企业管理的认知水平和能力，为共享式服务创新结构基因的形成打下基础。沈机以技术变革为开端，研发世界首创的平台型智能机床 i5 系列，打破技术壁垒，掌握运动控制技术和以智能终端为载体的核心技术产品，形成具备工业化、信息化、网络化、智能化、集成化的产品基因，建立创新变革的核心要素系统，为共享式服务创新在企业的全面应用提供必要的发展环境，也是为企业属性由"制造商"向"服务商"转型，企业经营管理模式由"单一生产"向"智造共享"变革，以及企业发展战略的实施提供基本载体。

（2）共享式服务创新的结构基因表达过程可以进一步完善基础性创新要素，而调节基因表达过程则可以激活共享式服务创新的运行机制。第一，共享式服务创新结构基因包括全面应用互联网技术、洞察用户需求、升级管理技术、实施布局与融合战略、明确创新内容以及完备价值传递与获取机制。其中，数字信息技术的嵌入和互联网技术的全面应用，作为共享式服务创新

表8-2 共享式服务创新的基因表达过程

维度	早期基因 要素	早期基因 表达	结构基因 要素	结构基因 表达	调节基因 要素	调节基因 表达	后期基因 要素	后期基因 表达
技术	s_1 基础制造技术	通过积极洞察市场格局和产业发展带来的价值蓝海,企业通过基础技术创新、设计创新和工艺变革以及管理认知的升级来培育早期创新环境	s_5 互联网技术	基于日趋明晰的技术变革需求和市场环境,以及成长性成本及低价值创造的需求,采用用户、结构改革、集群、扩散及联盟等诸多战略管理目标,形成创新的基本变革形态	s_{13} 平台介质技术	平台运营与管理战略的交互作用,共享经济与政策环境的深度融合,创新企业的业态和模式,对企业可持续发展与价值共享的社会价值共享服务性需求的激发,共同促进共享式服务创新逻辑架构的形成	—	—
市场	s_2 市场机会	—	s_6 用户需求		s_{16} 不确定情境		—	—
管理	s_3 管理认知	—	s_7 管理技术 s_8 布局策略		s_9 融合策略		—	—
价值	s_4 价值洞察	—	s_{10} 价值传递 s_{11} 价值获取		s_{14} 价值主张		s_{18} 价值共享	开放性、颠覆性与自主性的多种创新战略的共同作用形成
创新	—	—	s_{12} 内容创新		s_{15} 模式创新	—	s_{17} 创新战略	符合当下经济、政策发展趋势的共享式服务的创新主体,构成以价值共享为目标的共享理念
系统	—	—	—	—	—	—	s_{19} 智造生态 s_{20} 服务生态 s_{21} 支撑生态	服务、构建以价值共享和完善生态系统建设为目标的共享理念为服务创新理念

得以实现的基本技术支撑，不仅满足了用户对产品品质和个性化服务的需求，还增强了企业集群化、扩散化以及跨界联盟的协同发展能力。管理技术变革是共享式服务创新得以实现的基础性变革之一。宏观技术环境、市场环境与政策环境的变化，迫使企业家重新审视企业创新的原动力，摆脱传统管理认知的思维束缚，着眼于企业管理者理念的突破和管理技术的革新，明确企业服务体系的构建思路，以及企业价值创造的实现路径。通过"共享"生产与服务的价值理念传递，吸引用户参与企业发展，推动小微用户借助企业的共享服务平台参与制造，并实现低成本创新，培育具有成长潜力产销互惠的新型制造生态。第二，调节基因包括平台介质、不确定情境、融合策略、价值主张和模式创新，可以促使共享式服务创新在企业形成完整的运行机制。共享式服务创新在企业的应用依赖于多种因素的刺激和调节，以及基因要素之间的融合互动。不确定的政策环境和经济环境为企业创新提供了更多的可能和更大的激励，成为制造业服务创新实现的重要桥梁。政府为了应对"三期叠加"的经济局面，实施一系列宏观政策，虽然为制造业企业变革指明了方向，但也在一定程度上使企业发展受到掣肘。企业在面对不确定情境时，唯一趋利避害的方式是从根本上形成既能够顺应时势，又能够指导企业可持续发展的价值主张，形成符合新经济环境的"价值共创"和"可持续发展"理念。价值主张落到实处，需要制造业企业融合智造技术与互联网技术，开发制造服务的平台介质，实施平台战略，变革管理技术，构建新型制造模式。

沈机在突破核心技术壁垒后，变革企业内部的运营管理机制，通过利益共享主体的扩大，变革企业为共享服务的载体。沈机首先建立尤尼斯工业服务平台，投资成立盈和投资公司，联合神州数码和光大金控共同投资成立创汇投资管理公司，成立提供高端服务的智能云科信息科技有限公司，形成融合智造技术和共享服务平台的全新管理格局。其次打造智造学院、智能工厂、工业小镇以及5D智造谷，扩大企业生产的参与主体，孵化了湖北省圣伟屹公司，打造了诸如河南新乡市广红机械设备有限责任公司等高端智能制造示范应用基地。通过新业态和新模式的运用，形成企业运行机制变革的重要表征，低成本创新的实现成为企业适应市场实现管理变革的必要基础，服务主导逻辑则成为沈机持续创新的动力来源。共享式服务创新结构基因的表达过程，正是沈机充分利用宏观政策和经济环境，结合企业发展特质，有步骤地融入新经济和新业态，实施服务创新的过程，据此帮助制造业突破发展瓶颈，抓住市场机遇，实现创新发展。

（3）共享式服务创新后期基因表达的核心是价值共创共享的主导逻辑和服务生态系统的构建。共享式服务创新基因在技术、管理和市场三个维度进行结构化调整，渐趋成熟和完备后，进入价值、创新和系统三个维度的成熟化发展阶段，形成后期基因表达过程，也可视为共享式服务创新持续演进的驱动机制。具体包括两个核心动源。

价值共创共享系统。后期基因的表达也是企业实现创新初始价值的过程，以企业和用户的交互式主导价值共创及共享为基本趋向。企业洞察到利益相关者的作用，以及用户的价值创造能力，以集聚、联盟等创新形式，为用户提供完备服务系统，同时向用户让渡价值创造的主导地位，形成用户主导价值创造的制造过程。价值创造主线最终趋于由利益相关者为企业延伸制造的初始价值，形成与企业共创价值、共享成果的迭代增值目标。因此，共享式服务创新在后期基因表达中的价值共创共享系统，可以驱动制造业企业从重视交换价值并以价值链建设为主体的商品主导逻辑，向剥离使用价值而以价值共享为目标的服务主导逻辑变革。由此，可以明晰共享式服务创新实现的"价值主张"是通过企业资源、服务等的共享，激发参与主体和利益相关者的价值共创能力；"价值洞察"则是重视用户价值，认同每一个消费者都可以成为生产的参与者和价值的创造者；"价值传递"则是以企业提供的核心技术和服务为途径；"价值运行"则离不开企业完备的生产服务价值网，价值链运行不再是唯一的运行方式；"价值获取"则是企业不再向最终产品收费，而是向产品生产过程所产生的服务价值收费，从产品生产和服务提供的全过程获利，企业将成为利益相关者价值共创和共享的制造服务共享载体。

服务生态系统。企业创新生态系统的构建是共享式服务创新作用机制的典型特质，也是后期基因表达趋向成熟的重要标志。生态系统的创建为共享式服务创新提供循环、更新和成长的能力，经历四个阶段的扩张。第一阶段是围绕企业核心技术和产品的创新小生态，以产品生产—销售为主线。第二阶段是识别企业发展瓶颈与短缺要素后，通过联盟、协同创新形成的支撑生态，以产品的生产—销售—短期服务为主线。第三阶段是将企业核心技术与支撑要素嵌入信息技术，实现平台化运营，形成智造生态，以产品生产服务共享为主线。第四阶段是企业服务生态构建，以可持续发展的服务共享体系为主线，以支持智造服务共享的完备生态系统构建为目标，通过金融生态、研发用生态等作为基础中介支撑，以制造业平台化运营体系为载体，推动初级智造生态向完备智造服务生态升级。通过后期基因表达过程的分析，明晰了共享式服务创新动源的形成及作用机理，如图8－2所示。

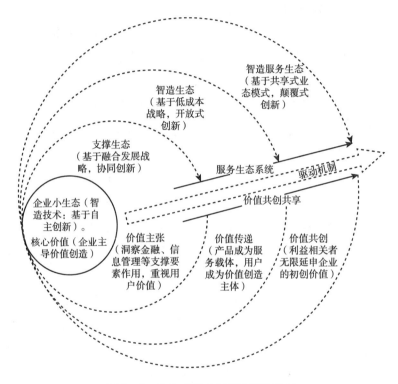

图 8－2　共享式服务创新的驱动机制

如图8－2所示，共享式服务创新后期基因的表达过程及其驱动机制，与沈机的发展历程基本吻合：一是沈机通过产品、技术和服务提供，支持智能工厂、工业小镇和5D智造谷的建设，以企业为主导，通过集聚可创造价值的参与主体，形成企业小生态群落，推动核心价值创造。就如关锡友所说，"传统经济是基于成本的定价方式，共享智造生态则是形成基于不同参与主体价值创造的定价方式"。二是沈机洞察了金融、信息以及人才培育等支撑要素的重要作用，成立创汇投资管理公司，联合装备制造职业技术学院。通过资源再整合，搭建企业的支撑生态系统，并与用户共享资源，实现从产品主导逻辑向服务主导逻辑的转变，践行企业不再是生产者，而是提供产品全生命周期服务的平台。三是沈机围绕 i5 构建智造生态，以智造终端创新为生态系统的根基，通过 i5 的智造平台与工业服务平台相融合，构筑具备"去中介、低成本和共享式"的创新型服务生态。产品不再是利润的载体，服务成为"企业—用户"价值实现的载体，服务生态的核心是企业为所有参与主体提供共享智造技术的服务体系和价值创造的平台。四是沈机的发展愿景是建立健康完备的共享智造服务生态，以服务支持的"智造共享"是其核心理念，将可持续发展理念凝结于价值创造的全过程，保障共享智造服务生态的平衡发展。由此，有效规避只能在特定成长阶段和适度运行规模下获得短期创新绩效的"开放式服务创新"陷阱，实现开放手段、协同过程与共享结果的统一，确保企业共享式服务创新举措发挥长效、可持续的作用。

8.4.4　共享式服务创新的基因成长

通过对沈机研究数据的概念化、范畴化分析和构念维度的提炼，依据对基因遗传、要素及表达的梳理和整合与提炼，构建包含基本构念维度和基因要素的共享式服务创新基因成长路径模型，如图 8-3 所示。

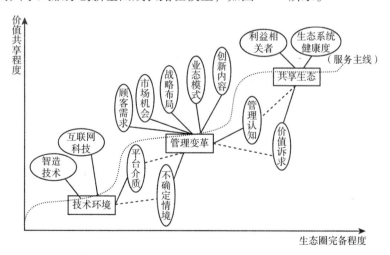

图 8-3　共享式服务创新成长路径模型

在共享价值和完备生态两个度量指标构建的系统维度内，共享式服务创新发展是以"服务"为基本主线，发展路径存在阶段性和曲折性，包含技术、管理和生态系统三个阶段的变革。每个层次有相应的直接影响因素和中介要素：第一，"智造技术""互联网科技"作为技术环境的直接影响因素，"平台介质"则是此阶段主要成果，同时是下一阶段实现的中介条件。第二，"用户需求""市场机会""战略布局""业态模式""创新内容"是管理变革阶段的直接影响因素，"管理认知"是此阶段主要成果，同时是下一阶段实现的中介条件。但是伴随管理变革过程的"不确定情境"可能会导致前期环境基因的突变，形成潜在风险。第三，抽取"利益相关者""生态系统健康度"作为共享生态阶段的主要影响因素。共享生态中利益相关者的"价值诉求"不仅对管理变革阶段会产生一定的潜在影响力，同时主导了价值逻辑中的主张、洞察、传递、运行或获取环节，因此，参与价值创造及共享的利益相关者的价值逻辑，直接影响共享生态的形成及健康发展。以"生态系统健康度"作为共享生态的重要影响要素，可以充分涵盖智造生态和支撑生态及服务生态的发展潜力、现状和完备性，为量化测度打下基础。沈机的服务化转型过程"i5 系统研发→管理模式创新→企业组织扩张→共享的价值逻辑"，与共享式服务创新的成长路径具备阶段上的一致性。i5 技术的突破正是其技术环境的核心，并衍生出尤尼斯工业服务管家为其平台介质。投资成立盈和投资公司、创汇投资管理公司、智能云科以及制造学院等，可视为组织的扩展及变革过程。智能工厂、智造小镇以及 5D 制造谷的打造及规划，则彰显了沈机对构建共享服务生态的价值诉求。沈机以共享服务生态为愿景，践行服务为主导逻辑、共享为主导价值、生态为主导系统的企业变革举措，较为全面地展现了共享式服务创新路径的缘起、发展与趋向。

8.4.5 理论饱和度检验

由于本章采用的是纵向数据采集步骤，对每一个采集点进行较为完备的横向对比，完全排除具有相同数据对象后再进行下一阶段采样，直至涵盖所有阶段数据才停止采样。为了保证研究的信度，通过三个步骤进行理论饱和度的检验。第一，邀请三位教授，均擅长扎根方法的运用，并在创新管理、工业经济以及服务经济领域研究成果丰富，待他们阅读所有研究数据的母本后，对其进行深度访谈，总结归纳访谈内容，发现访谈内容中提及的所有概念均被 4 个主范畴和 6 个概念维度覆盖。第二，邀请三位相关专业的博士生，再次收集 6 个服务化转型中含有共享元素的制造业企业，进行基于一定情境宽度的案例检验。按照纵向案例发掘方法，比对主轴译码表发现，海尔集团（$S_1 \sim S_{21}$）、华为集团（$S_1 \sim S_{12}$；S_{16}/S_{14}；$S_{17} \sim S_{21}$）、陕西鼓风集团（$S_1 \sim S_6$；$S_{12}/S_{13}/S_{16}$）、三一重工（$S_1 \sim S_6$；$S_8/S_9/S_{12}/S_{15}/S_{21}$）、宝武钢铁（$S_4/S_6/S_7/S_8$）和韩都衣舍（$S_2/S_3/S_4$），提炼的概念均已包含在 21 个副范畴之内。第三，依据提炼的范畴及其逻辑关系，分别对涵盖"共享经济模式""价值共创""服务主导逻辑""商品主导逻辑""共享生态"等主题领域的国内外文献进行收集和研究，同时查阅《第三次工业革命——新经济模式如何改变世界》《第四次工业革命——转型的力量》《零边际成本社会》等相关专著，厘清与交叉概念间的逻辑关系和类属体系，均无法获得新的范畴。据此提出本章的理论已经达到饱和。

8.5　本章小结

8.5.1　结果讨论

（1）利用纵向案例分析与扎根理论相结合的方法，通过逐级编码，识别共享式服务创新的基因遗传渠道，提取 4 个基因类别、21 个核心构念，以及48 个基因要素作为理论构建的主副范畴及核心要素。分析了共享式服务创新过程包含的前期基因、结构基因、调节基因和后期基因，其中，前期基因和结构基因的表达过程是以核心智造技术创新和管理机制变革为重点，以创新环境的构建为目标，通过在基础性技术变革中全面融合互联网科技，实施多重创新战略和价值结构的调整。调节基因表达过程激活了共享式服务创新在企业系统中的应用，与前期基因、结构基因一起共同影响企业原有的技术、市场、管理、价值与创新系统。后期基因表达过程也是共享式服务创新驱动机制的作用过程，是全面融合共享经济模式，依托智造服务平台，以价值和系统的创新为重点维度的创新演进过程。依据基因类别和要素的分析，可以揭示共享式服务创新实现的动力来源于价值共创共享系统和服务生态系统。由此，形成价值共享程度和生态系统完备程度的二维测量空间，绘制了以服务为主线，包含技术环境创新、管理变革实施和共享生态构建在内的，多阶段、曲折发展的共享式服务创新基因成长路径模型。

（2）基于本章的论证分析，可以解析共享式服务创新的基本内涵：共享式服务创新是基于共享经济模式形成的以服务为主导逻辑，以激励企业用户价值共创及多元主体互动发展为主导过程，以智造服务生态创建为主导目标的制造业企业服务创新形式。① 共享式服务创新的应用情境：一是由非资源持有主体依赖平台介质，与资源持有主体共同提供产品的情境；二是由资源持有主体集中提供可共享资源，服务于多个非资源持有主体，合作提供产品的情境；三是由资源持有的多主体协同提供同类或互补资源，与非资源持有主体共同参与产品生产或运营的混合情境。共享式服务创新的应用价值在于：一是通过活化资源配置方式，充分利用企业的资本存量，盘活企业的"僵尸"资源，提高企业的生产效率和管理效率；二是通过优化制造业的供求适配路径，降低企业生产成本，分散企业的创新风险，满足高质量和个性化的市场需求，形成价值共创和共享的服务生态格局；三是通过共享式服务创新的实施，促进微观小生境创新、中观社会技术域改革、宏观环境场的优化，从而构筑可持续发展的制造业服务生态系统。

8.5.2 实践启示

本章研究对于制造业的新一轮变革，具有一定的应用价值。制造业的智能化变革势不可挡，新经济、新业态等的影响作用不可忽视，因此，制造业企业在应用共享式服务创新的过程中需要重视以下三个方面。

（1）制造业企业需要建立以"服务"和"共享"为主导的逻辑与价值体系。共享式服务创新的服务主导逻辑和共创共享的主导价值体系，将会成

---

① 智造，指智能制造，是传统制造在技术上的创新升级，也是实现"制造共享"在产业技术上的基本要求。制造业从能量驱动型转变为数字驱动型，必然形成制造的柔性化和智能化，同时也形成制造共享服务生态创建的基础。因此，在书中直接写作"智造服务生态"。

为制造业转型升级重要的内在动力。在一切经济均可视为服务经济的发展环境下，制造业的服务化转型已经迫在眉睫，因此，企业亟待转变产品主导的企业发展模式，积极构建以"服务"为核心的企业发展逻辑体系。在当下的技术发展环境中，制造业企业传统封闭式的竞争战略亟待淘汰，拒绝"封闭自守"，积极利用并参与共创共享的生产服务体系，应该成为制造业企业价值体系转型的主导方向。就如同沈机在实施共享式服务创新的过程中，通过服务逻辑和价值体系的重塑，促进了企业的服务化升级。

（2）制造业企业需要积极构建并准确评估共享式服务创新的环境，由此准确识别产业创新的实现是依托核心技术突破的服务共享，还是依托管理系统变革的组织共创。共享式服务创新基因要素中包括的技术环境和管理革新是创新得以实现的基础性要素，但并非所有的制造业企业都可以同步完成核心技术的突破和管理系统的变革。共享式服务创新的普世价值正是在于应用形式的多样化，制造业企业可以通过对企业自身创新能力和创新环境的准确评估，定位企业创新方式的选择。共享式服务创新过程中存在不同方式及相应的角色定位。资源持有者占据"主导者"角色，需要持有核心技术资源或资源整合介质，通过主导资源和服务的提供创造价值；而非资源持有者，在共享式服务创新过程中，更多地占据"参与者"角色，通过管理技术的变革，积极融入共享主体，以此弥补资源上的不足，实现价值共创与利益共享。

（3）制造业企业需要建立宏观生态发展的大格局意识，积极主动融入价值共创与共享的服务创新生态系统之中。共享式服务创新所构建的工业发展新生态，其特质是形成以"即时共享服务"为核心理念的创新生态。完备且可持续发展的创新生态及各个小生境的构建，有助于企业融入创新并实现发展，同时可以推进"制造业"向"智造服务业"的转型，不再局限于传统"制造产业链"，而是构建立体的"智造价值生态网"。例如中国工程院院士对沈阳机床的评价："i5 智能机床和 U2U 共享模式发展空间很大，要进一步加大金融支持力度，支持传统产业的创新并实现升级，由此创造更大价值。"因此，包括制造业、金融业和服务业等多产业领域在内，健康的企业小生境培育，不仅对于制造业企业创新的作用巨大，同时对中国制造生态的可持续发展意义重大。

第 9 章　共享式服务创新的
逻辑形式与价值

9.1　共享逻辑的构念分析

9.1.1　中国化广义共享经济的逻辑分析

本书第 8 章提出了"共享式服务创新"的构念，作为中国化广义共享经济视阈中的基本逻辑，对于产业创新，特别是在制造业的创新发展作用显著。制造业在技术进步和"四新经济"的推动下，对服务创新的需求日益凸显，成为新的发展趋势。产业的开放式创新作为制造业企业创新的重要研究视角[1]，在面临工业经济发展叠加共享经济、虚拟经济等宏观发展变革的新情境时，略显不足[2]，亟待对其进行拓展和细化。共享逻辑下新兴互联网科技协同"四新经济"，以创新载体的形式颠覆传统产业形态，成为各个产业领域创新的重要驱动力。在企业发展层面上，共享逻辑之下中国产业创新发展，正在改变多个产业领域生产方式、管理模式与价值获取渠道[3]。

---

　　* 戴克清，陈万明. 共享式服务创新的逻辑、形式与价值——制造业服务化转型视角 [J]. 软科学，2020，34（9）：30 - 36.

　　① 彭本红，武柏宇. 制造业企业开放式服务创新生成机理研究——基于探索性案例分析 [J]. 研究与发展管理，2016，28（6）：114 - 125.
　　② 李海舰，李文杰，李然. 新时代中国企业管理创新研究——以海尔制管理模式为例 [J]. 经济管理，2018，40（7）：5 - 19.
　　③ 向国成，钟世虎，谌亭颖，邓明君. 分享经济的微观机理研究：新兴古典与新古典 [J]. 管理世界，2017（8）：170 - 172.

据此，本章将以共享逻辑在中国产业转型中的作用和价值为研究内容，继续以制造业企业服务化创新为具体研究对象，探索共享逻辑下制造业企业服务化转型创新的主体形式，提炼"共享式服务创新（SSI）"核心构念，及其具体的存在形式和应用价值。

9.1.2 理论衔接

关于服务创新理论在第3章已经进行了详细的阐述。本章将在共享逻辑下从技术、服务和模式等多元素对研究理论进行补充阐述。（1）共享逻辑下中国产业创新发展在技术创新上的耦合。产业创新发展，特别是制造业创新的重要技术介质是制造服务平台的搭建。制造业企业打造的服务化网络平台（或者称为工业互联平台），内在以区块链技术为依托，外在的载体形态可以是共享式的网络平台，极易推进制造服务的共享式创新①。区块链技术的嵌入有效链接了服务化与新经济、新业态和新模式之间的技术逻辑关系②。（2）共享逻辑下中国产业创新发展在模式创新的耦合。基于智能制造和信息平台技术，制造业服务化转型形式与共享经济发展形态存在模式上的创新耦合。以共享逻辑为主线，形成对智能制造企业的共享服务模式创新的研究③。同时也从智能制造企业知识共享的视角，证明了智能制造技术研发与知识共享之间的关系④。（3）共享逻辑下中国产业创新发展在价值形态上的耦合。共享发展的逻辑作为价值共创的重要载体，以用户参与价值共创为实现方式⑤。制造业企业服务化转型也是基于服务平台构建，与用户互动，为多边市场提供服务⑥。

---

① Lundy L. Blockchain and the Sharing Economy 2. 0 [M]. IBM Developer Works.

② Pazaitis A. Blockchain and value systems in the sharing economy: The illustrative case of backfeed [J]. Technological Forecasting & Social Change, 2016, 125 (7): 105 – 115.

③ 戴克清，陈万明，蔡瑞林. 服务型制造企业共享模式创新实现机理——基于服务主导逻辑的扎根分析 [J]. 工业工程与管理, 2019 (3): 75 – 81.

④ 陈万明，鲍世赟. 开放式创新视野的智能制造企业知识共享研究 [J]. 改革, 2018 (10): 102 – 110.

⑤ 杨学成，涂科. 出行共享中的用户价值共创机理——基于优步的案例研究 [J]. 管理世界, 2017 (8): 154 – 169.

⑥ 梁晓蓓，江江. 共享经济模式下消费者持续共享认同影响因素研究 [J]. 软科学, 2018, 32 (9): 103 – 107.

耦合关系在用户层面表现为将用户智慧、知识、创造力、消费意愿和产品需求等，通过互联网平台介质分享给制造业企业，提高产品的使用价值；在企业层面表现为通过服务协同多方主体共同参与制造，提高资源的利用价值，因此，两者在价值逻辑上契合。

9.1.3　共享逻辑下的创新发展构念分析框架

已有研究显示，虽然已有学者尝试将智能制造服务植入产业服务创新的理论体系，但是尚未对以共享逻辑为主线，将新经济、新业态等纳入产业创新体系的研究。因此，以制造业服务化为切入口，分析共享逻辑下中国产业创新发展的逻辑框架。

据此，本章将继续对"共享式服务创新"（sharing service innovation，以下简称"SSI"）的核心构念进行检验。依据服务创新演进过程中，智能制造技术和开放式服务创新融合形成的智造服务网络等已有研究，结合新时期制造业智能化和高端化发展环境及服务化发展需求，依托对案例现象的剖析，深入分析共享式服务创新的形成逻辑、主体形式和存在价值，将共享经济模式与制造业企业服务化需求相结合，遵循"现象→形式→价值"的研究过程，对构念进行深度分析。希望在理论上可以丰富创新研究，在应用上可为中国产业创新转型，提供新的管理范式，如图 9-1 所示。

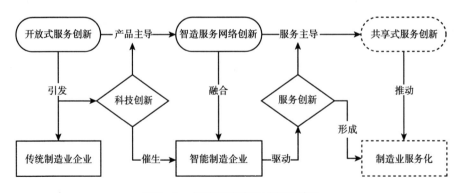

图 9-1　相关理论演进过程及缺口

9.2 研究设计与案例选择

9.2.1 研究方法

纵向多案例（longitudinal case）可以展示现象随着时间的变化而发生变化的过程，通过构建"过程理论"（process theory）析出核心构念，并对其形成过程进行动态解析①。与大样本的实证研究相比，案例研究可以更贴近理论构念，通过对现象细节的丰富描述，揭开理论黑箱，并发掘随着时间的演变，现象背后隐含的动态机制是如何起作用的②。由于共享式服务创新构念雏形中"共享"应用程度的不确定性，以及"服务"与"创新"的无形性，无法直接提出理论假设并进行实证研究。需要将研究对象放置于可被观测的实景场所，以此揭开"共享式服务创新构念"的理论黑箱。拟从企业现象中提炼资料和数据，运用程序化扎根方法完成在经验资料的基础上构建理论的论证过程③。

9.2.2 案例介绍及选择依据

承接第7、第8两章单案例分析过程和结论，本章所用案例需要具备以下三个基本特征：一是企业属性属于典型的制造业企业；二是企业具备服务化转型意识和需求，实施了不同程度的服务化转型举措；三是在企业存在不同程度的商业模式创新举措，在技术能力、生产特征、认知水平、管理能力和创新投入等方面应当存在一定差异，需要将共享经济模式或理念纳入服务化创新的具体行为，如表9－1所示。

---

① Kathan W, Matzler K, Veider V. The sharing economy: Your business model's friend or foe? [J]. Business Horizons, 2016, 6 (2): 715 –734.

② 黄江明, 李亮, 王伟. 案例研究：从好的故事到好的理论——中国企业管理案例与理论构建研究论坛（2010）综述 [J]. 管理世界, 2011 (2): 118 –126.

③ Siggelkow N. Persuasion with Case Studies [J]. Academy of Management Journal, 2007, 50 (1): 20 –24.

表 9 - 1   案例选取与介绍

案例企业	研究频次	案例简介
海尔集团 （以下简称"海尔"）	208	创立于 1984 年，从单一生产电冰箱起步，现业务领域已拓展到家电、通信、IT 数码、家居、物流、金融、房地产、文化、医药等多领域，致力于成为全球领先的美好生活解决方案提供商，旗下拥有两家上市公司：青岛海尔和海尔电器。海尔集团一直以管理方式的时时创新著称，海尔集团为应对互联网的挑战，将"用户"作为起点和决定要素，将组织变为三级三类"自主经营体"，实行"人单合一"的管理模式。海尔推出的智能制造平台（cloud of smart manufacture operation plat，COSMOPlat），作为中国业界首个自主知识产权的工业互联网平台，具备共享式服务转型的核心特征，适用于本书情景的探索需要
沈阳机床集团 （以下简称"沈机"）	116	自 1935 创建，经历多次资产重组与并购，形成多产业集群、跨地区、跨国经营的全新布局。积极搭建以企业为主体、产学研结合、开放式的社会化创新体系，实现由典型的传统"制造业企业"向创新型的"智能制造企业"转型。基于"i5 平台系统"研发的 i5 战略推动企业构建"智造共享"运营的实施载体，通过服务创新模式，初步实现由"智能制造企业"向"服务型智造企业"的转型，但是在构建"智造共享新生态"中遭遇新一轮的问题与挑战，陷入发展瓶颈。因此，沈机的发展历程符合共享式服务创新基因采集的样本环境，其发展历程有助于实施深度的纵向扎根分析
陕西鼓风机集团 （以下简称"陕鼓"）	109	始建于 1968 年，1975 年建成投产，1996 年由陕西鼓风机厂改制为陕西鼓风机（集团）有限公司，是产业多元化、国际化的智慧绿色能源企业。陕鼓秉承"创新、协调、绿色、开放、共享"的发展理念，致力于成为"世界一流智慧绿色能源强企"的战略目标，持续深入推进从单一产品制造商向分布式能源系统解决方案商和系统服务商的转型中，强化资本运作能力，不断创新金融模式和商业模式，转变经济增长方式，聚焦核心技术，满足分布式能源领域用户需求的能力持续提升

据此本章拟选取以上三个企业作为研究母本，主要原因：（1）由于采用纵向多案例分析，案例选择需要具备服务化和共享商业模式转型的两大基本发展特征和趋势，案例存续年龄具备一定的长度，形态具备一定的丰度，能够较为全面支撑理论框架的构建。（2）选取案例企业实施服务化转型战略。海尔从传统的家电制造商，向产业互联的服务供应商转型，沈机经历了"行业翘楚"→"黑暗十年"→"黄金十年"→"转型十年"→"陷入困境"，陕鼓从传统的装备制造业向定制服务的方向发展，共享是其企业发展的核心理念之一。（3）案例企业具备共享式服务创新理论构念的要素特征，海尔宗

旨是传统制造企业转型为共创共赢的物联网社群生态，沈机愿景是定义制造业的共享生态，陕鼓通过不断创新金融模式和商业模式实施企业的"两个转变"战略。(4)案例企业性质多元、类型丰富，能较为全面地涵盖当下中国制造业企业服务化的典型特征，为构念提出的普适性提供保障。(5)案例企业的社会曝光度高，文献研究资料充分，财务信息披露较多，且与航空航天研究机构，以及研究者所在团队存在合作关系，因而可以确保全面可靠数据的获取。

9.2.3 数据收集及编码过程

本章研究数据主要包括一手数据和二手数据，其中，一手数据是团队通过长期跟进调查，通过实地考察、网络客户端、微信客户端三种方式，与企业相关服务人员进行访谈和咨询获得；二手数据主要来源于：(1)企业公布的官方信息；(2)主流媒体的新闻报道；(3)公开发表的学术论文和企业相关书籍杂志。通过多渠道进行多方验证，以保证研究数据的信度与效度。

拟遵循科学的逐级译码技术程序：(1)组建译码小组，分别邀请经济学、管理学、工业工程以及机械制造四个不同学科背景人员，规避译码者知识结构、从业环境及经验所带有的主观偏见。(2)全面即时地形成研究记录，确保资料收集、研讨及修正内容的全面准确。(3)通过匿名问卷形式，将主体资料和译码所对应的概念范畴发放给10位相关领域专家，并比对专家回复意见，反复修正译码内容。(4)通过专家多轮背对背评分编码，对基于案例材料收集整理的5672条引文进行多次抽取，形成2921条有效条目，经历引文精炼后形成1867条一级引文，对其进行关键词提取合并，按照企业发展的引文时序进行精炼，形成关键词523条。采用Atlas.ti 8.0软件进行变量间的共现关系分析，实现信度和效度检验，完成对构念维度的再提炼。

9.3 案例分析及主要发现

基于模式匹配逻辑，拟遵循"现象→形式→价值"的分析框架，在文献部分根据已有研究基础提炼的"共享"与"服务"的逻辑关系，作为共享式服务创新构念的分析基础；依据企业创新的总体特征析出共享式服务创新的形式要素，通过企业创新阶段性特征分析厘清形式要素中包含的构成因素和影响因素；形式要素的剖析作为存在价值的分析基础，以此层层递进，厘清共享式服务创新构念的核心内容与存在意义。

9.3.1 共享式服务创新（SSI）的要素提炼

本章拟从理论与实践两个层面论证共享经济模式下制造业服务化转型的重要形式。在理论层面上，将依据对研究案例的纵向发展历程和研究成果分析，形成对服务化转型典型模式的梳理。在实践层面上，案例研究作为已有理论研究的重要方法，在一定程度上较为典型地反映了研究期内，特定视角下中国制造业服务化转型的形式特征，具备较高的研究特质和价值。同时利用质性分析软件（Atlas. ti8.0）辅助实施共现分析，基于初始要素指向，提炼特征因素。如表 9 - 2 所示。

表 9 - 2 共享式服务创新构念形式要素的提炼

文献案例	分析频次	开放性译码（服务化举措的关键词列举）	主轴译码（主要形式总结）	选择性译码（形式要素提炼）
海尔集团	208	h1 创新举措（服务化流程再造/开放式/商业模式/战略/平台化/技术/管理模式/管理机制/要素/品牌/新产品/设计）。h2 服务化举措（多元服务/智能制造/技术专利/本土服务/管理服务/组织竞争/互联网服务/技术联盟/技术服务引进）。h3 系统发展举措（企业生态/管理控制/企业能力/能力体系/全球化）。h4 价值举措（价值链/价值增值/双赢模式/价值共创/市场链/企业家精神/海尔文化）。h5 创业举措（创业专利/创业过程/机会识别/创业公司/创业团队/内部创业）。h6 组织与机制变革举措（组织目标/组织学习/协同机制/协同演化机制/直线智能机制/学习机制/纵向机制/升级机制）	（1）以创新为基本驱动，重视技术创新、管理流程创新、模式创新、设计创新和创新的开放性程度，COSMOPlat 展现了服务模块化发展的创新模式。（2）宏观战略发展意识强烈，以服务化发展战略为载体，充分考虑智能制造环境、互联网平台化发展环境，重视企业生态环境的构建。（3）从多维度实现软硬价值的创造与增值，包括价值链与市场链的对接，价值共创的倡导和企业家精神和企业文化的培育	e1 技术创新（e11 工艺设计、e12 核心制造、e13 智造技术、e14 信息技术）e2 管理创新（e21 管理控制、e22 管理体系、e23 模块化管理、e24 创新管理、e25 内部知识共享、e26 外部资源共享）e3 结构变革（e31 扁平化发展、e32 产销服务平台、e33 信息交流平台、e34 产业发展平台）e4 开放协作（e41 联盟发展战略、e42 合作生产战略、e43 拓宽信道）

续表

文献案例	分析频次	开放性译码 （服务化举措的关键词列举）	主轴译码 （主要形式总结）	选择性译码 （形式要素提炼）
沈阳机床集团	116	y1 创新举措（服务主导逻辑创新/服务转型动态能力创新/商业模式创新/价值创新/开放创新模式/自主创新/技术创新）。y2 共享举措（共享生态/生态系统）。y3 价值举措（分享经济/共享价值/价值共创/智造核心/）。y4 合作举措（跨界联盟/共享合作/用户体验/合作联盟/国银战略合作）	（1）以服务创新为主导和技术创新为依托的智造变革模式。 （2）以共享经济、共享生态等为主导的新经济、新业态和新环境被全面纳入企业服务化模式创新。 （3）合作与价值的相应研究与创新	e5 服务主导（e51 完善服务、e52 升级服务、e53 个性化服务、e54 产品全生命周期服务） e6 重视共赢（e61 价值共创、e62 价值共享、e63 共享生态）
陕西鼓风机集团	59	g1 服务化举措（服务提供商/服务型制造/通用平台）。g2 创新举措（模式创新/关键共性技术创新/物联网制造创新）。g3 发展战略（发展战略/竞争战略/品牌战略/）。g4 文化举措（企业文化/公司文化/鼓人文化/文化审计/文化落地）	（1）服务化过程是研究的重点内容。 （2）以物联网应用创新和模式创新为重点服务化转型特质。 （3）企业文化是研究的重点	e7 认知基础（e71 共享意愿、e72 认同共享和希望共享合作、e73 企业家精神、e74 企业文化导向）

资料来源：笔者整理提炼。

　　基于对已有案例数据的扎根分析，依托案例特征，开放性译码可以提炼制造业企业服务化转型的关键举措，主轴译码可以提炼制造业企业服务化转型的主要形式，选择性译码则可析出共享式服务创新（SSI）形式要素——包括 7 个初始要素和 28 项细分内容。

9.3.2　共享式服务创新（SSI）的要素分类

　　本章在课题组实地调研所获得的一手资料总库中，借助软件在不同案例子数据库内搜索"共享"和"服务"关联的有效编码 523 条，对原始文件实施共线分析，用以与已有案例数据扎根分析所提炼形式要素的初始内容，进行对比分析，完成对要素的分类与检验。共线系数计算公式如下：

$$c = \frac{x_{ij}}{x_i + x_j - x_{ij}}$$

其中，c 为共线系数，x_{ij} 为变量 i 和 j 代表共线频次，x_i 和 x_j 分别表示要素出现的频次。系数越大，表明二者关系越密切，关联度越高。在要素的共线系数输出中，本书提取系数高于 1 的要素，系数小于 1 的省略。依据关联性进行聚集分类编码，并通过典型事件进行佐证，如表 9 - 3 所示。

表 9 - 3   SSI 要素聚集分类的编码过程

维度	测量变量	概念	典型事件列举	阶段特征
SSI 构念的主体因素	企业内在因素	e3：制造技术智能化	沈机研发世界首创的平台型智能机床 i5 系列，打破技术壁垒，掌握运动控制技术和以智能终端为载体的核心技术产品	技术化
		e28：平台化战略	陕鼓推出"链易得"供应链服务平台，集互联网优势，聚合市场需求侧，打造分布式能源产业发展绿色生态环境，实现产业链上下游资源互联互通、共创共享	技术化/服务化
		e17：结构化系统改革	海尔的结构化改革战略，实施去中心化，通过裁掉近两万中层干部，将企业的中心变成平台，实行创客计划，鼓励能者创业	系统化
	企业外在因素	e45：共享开放式管理	沈机的 i5OS 是中国装备智能化升级的重要载体，作为面向全球发布世界首个工业操作系统，i5OS 将面向全球开发者和使用者免费开放，通过借助互联网，将世界各个角落的工程师和工业产品在此平台集成	开放化
		e44：服务生态圈	海尔致力于物联网时代的创新服务生态建设，以"用户满意"引导传统服务商平台化转型，大力提升自主创业者积极性，成功建立起一个用户主导、服务者响应、服务商全力支持的服务生态链	服务化
	……	……	……	……
SSI 构念的影响因素	理念影响因素	e20：价值共创	陕鼓围绕"价值共创共享"文化理念开展各种活动，促使广大员工践行价值共创享文化，以文化和理念的先行，推动企业的可持续发展	价值理念
		e24：共享理念	沈机"共享机床"作为一种新型"共享生产端"模式，颠覆性地改变了传统的资源配置方式，被认为是推动我国制造业向高端发展的突破口，就如关锡友所说"大数据重塑商业文明，生产端（机床）的共享就是装备制造业的一场革命"	共享认同

续表

维度	测量变量	概念	典型事件列举	阶段特征
SSI 构念的影响因素	行为影响因素	e14：用户战略	陕鼓作为在分布式能源领域致力于为用户、协作网成员提供包括机组、设备、EPC、系统方案等方面的产品和服务，确立"战略文化引领；市场开拓为纲；能力建设为基；打造一机两翼；实现千亿元市值"的新时期发展战略	服务主导
		e47：信任机制	海尔理念：卖信誉而不是卖产品，管理上采取信任机制，认为信任可以激发员工潜在价值，形成信任人的海尔管理模式	信任体系
		e28：创业就业	沈机推行内部双创，内部创业小微企业获得首批营业执照，从端着"铁饭碗"的国企员工，到自己打拼的创业老板，创业就业推动员工角色发生改变	创新创业
		……	……	……

资料来源：笔者整理提炼。

（1）要素维度。通过聚集分类的编码过程，构念的共线系数输出可以形成共享式服务创新（SSI）的形式要素，其中包括：构念的主体因素维度和影响因素维度两个部分，相应聚类4个测量变量，对应10个核心概念。

（2）典型事件列举。通过共线分析结果，回归案例，寻找相应的典型事件，作为核心概念的支撑以及构念之间关系的确认。

（3）阶段特征。依据测度变量、概念以及典型事件的多级编码和论证，对初始概念进行再次提炼，形成一阶、二阶概念。

依据共线输出结果，剔除不显著因素，形成共享式服务创新（SSI）主体维度包括一阶构念两个：技术因素和管理因素共同形成 SSI 的核心构成部分，具体而言需要具备智能化、平台化、开放化和服务化四个层次的变革，才能实施共享式服务创新举措。对于 SSI 的影响维度包括认知因素和行为因素的影响，具体而言，制造业企业如果没有形成共享认同、没有服务主导和价值共创的行为，很难实现共享式服务创新。由此，依据 SSI 核心要素的分解和分类，有助于完成对构念初始定义的提取（见表9-4、表9-5）。

表 9 - 4		主体构成因素共线系数输出			
概念	智能化	平台化	系统化	开放化	服务化
技术因素	0.6623 **	0.5942 *	0	0.0933	0.2317
管理因素	0.2275 *	0.3101 *	0.1436	0.6218 **	0.4592 *

资料来源：笔者根据 Atlas. ti 8.0 共线性分析结果整理，* 表示在 10% 水平上显著，** 表示在 5% 水平上显著。

表 9 - 5		影响因素共线系数输出			
概念	共享认同	信任体系	价值共创	服务主导	创新创业
认知因素	0.6998 **	0.1205	0.1943	0.1161	0
行为因素	0	0.0904	0.4527 *	0.4602 *	0.1183

资料来源：笔者根据 Atlas. ti 8.0 共线性分析结果整理，* 表示在 10% 水平上显著，** 表示在 5% 水平上显著。

9.3.3 共享式服务创新（SSI）的应用价值

依据共线性分析，提炼与核心构念及其形式相关的价值目标维度，形成的测量变量为"服务化转型"，即制造业企业实施共享式服务创新行动的目标是促进企业的服务化转型，具体包括一个主体维度和四个概念内容，相应的典型事件可以指向分析结构。如表 9 - 6 所示。

表 9 - 6		SSI 价值目标的聚集编码过程		
维度	测量变量	概念	典型事件列举	阶段特征
SSI 构念的价值目标	服务化转型	e27：降低成本	陕鼓通过为供应链上下游企业提供 B2B 交易、物流仓储、供应链金融、研发众包、工业服务等多领域一站式综合服务解决方案，实现成本下降、效率提升和模式创新	资源匹配优化
		e23：品牌战略	海尔从实施全球化品牌战略到当下步入生态品牌战略阶段，从挑战传统商业模式"人单合一"管理模式下，到"链群合约"的形成，海尔率先开启了物联网时代的生态品牌建设	企业文化培育

续表

维度	测量变量	概念	典型事件列举	阶段特征
SSI 构念的价值目标	服务化转型	e25：成长性价值创造	沈机成立优尼斯工业服务平台，依托 i5 业务的发展，在 3 年之间，提升销量从几百台到几千台，再到 2018 年的 18 000 台。正是 i5 技术和模式的价值所在，国家八部委及辽宁省政府共同支持推进其实施综合改革，聚焦先进制造业，打造具有全球竞争力的世界一流机床企业	企业价值迭代
		e29：可持续发展	陕鼓以全国排名总得分 874.8 分的企业发展综合实力，名列 2019 年中国社会责任 500 优榜单第 65 位，以企业环境保护、节能减排、可持续发展的优异指标获得"能源环境样板企业"的荣誉称号，成为百强中唯一一家陕西企业	企业发展愿景
		……	……	……

资料来源：笔者整理提炼。

据此，共享式服务创新（SSI）形式的应用价值在于促进制造业企业的服务化转型，有利于企业在新业态和新经济环境下，实现资源的优化匹配、企业文化的培育、企业价值的迭代，有助于企业可持续发展愿景的实现。

9.3.4　理论饱和度检验

在采用纵向的数据采集过程中，对每一个采集点进行较为完备的横向采集与比较，完全排除具有相同数据对象后再进行下一阶段采样，直至涵盖所有阶段数据才停止采样。为了保证研究的信度，采用三个步骤进行理论饱和度的检验。第一，通过 3 个案例采集点之间的横向对比，完成对理论饱和度的自检过程。第二，通过向三位擅长于扎根理论运用的专家，展现所有研究数据的母本后，实施深度访谈，发现所有概念、维度均被覆盖，完成第三方检验。第三，依据提炼的范畴及其逻辑关系，分别对以"共享经济""价值共创""服务逻辑"等主题领域的国内外文献进行收集和研究，同时查阅相关专著，厘清与交叉概念间的逻辑关系和类属体系，均无法获得新的范畴。据此提出本章研究的理论已经达到饱和。

9.4 本章小结

9.4.1 结果讨论

依托纵向多案例的扎根分析，通过逐级编码，挖掘共享式服务创新（SSI）的形成逻辑是基于"共享"与"服务"在技术、模式和服务等多方面的耦合。识别 SSI 的形式要素是包含了 4 个测量变量和 10 个核心概念，可聚类为包括技术因素和管理因素的主体因素维度，以及包括认知因素和行为因素在内的影响因素维度。明确共享式服务创新（SSI）在制造业企业的价值目标是通过降低成本、实施品牌战略、提升企业成长性价值创造能力，推动制造业企业实施服务化转型，实现可持续发展。

基于本章的论证分析，可以提炼共享式服务创新（SSI）在制造业企业特定情境下的初始内涵，是制造业企业基于共享经济模式特征，依托智能制造和平台化建设实现技术变革，通过开放化和服务化的组织管理导向实现管理变革，以共享认同为基本理念，以服务主导为基本逻辑，以价值共创为基本行为，实施制造业企业服务化转型的服务模式创新过程。

9.4.2 实践启示

基于以上研究结论，中国制造业企业通过实施共享式服务创新举措，有望更有效地提升企业服务化转型升级能力，据此提出以下政策建议。

（1）制造业企业需要积极实施智能化转型。智能化转型是共享式服务创新实现的基本环境，也是当下新一轮工业革命的主流趋势。智能化转型举措包括关键智造技术的研发、核心智造技术的引进、智造系统的分享等，以开放的、包容的和共享的姿态，多渠道、多元化地促进传统制造技术向智能制造技术的升级。

（2）制造业企业需要积极促进或融入产业平台。平台化发展是实现共享式服务创新举措的核心要素，没有平台的构建和参与，共享就失去了基本载体。制造业企业通过改变传统的集约化组织形态，推动组织的扁平化变革，以及去中心的平台化发展，有利于共享式服务创新模式的实施，有助于企业服务化转型的实现。

（3）制造业企业共享理念的培育有助于共享共识的形成。传统制造业企业的资源独享、技术封闭、价值独创的密闭式发展理念已经无法适应当下开放的、价值快速迭代的、信息快速匹配的、需求复杂多变的产业和市场环境。因此，资源的共享推动资源的高效匹配，技术的共享可以降低研发的成本，价值的共创可以推动价值的迭代再升值，这一切离不开对共享的认同和共享发展理念的培育。

（4）制造业企业共享与创新文化的培育和品牌理念的形成，可以强化共享式服务创新举措对制造业企业服务化转型的推动能力。企业品牌、精神和文化的培育，可以强化甚至是放大共享式服务创新举措的效果，对于推进中国制造业企业的快速转型升级，推动中国制造业产业新生态的形成意义重大。

第10章 共享逻辑下中国产业
创新发展路径[*]

10.1 创新发展的背景

10.1.1 环境背景

伴随着科技革命的浪潮，不同产业领域的众多企业，都在积极探索通过研发、生产和销售等服务模式的创新，应对外部环境的不确定变化，认为诸多经济新形态的共享性、平台化、开放性、服务性和两权分立等全新特征，可以快速打通供给侧与需求侧的信息匹配壁垒，提高产能效率，降低研发、生产和交易成本。因此，本书提出"共享式服务创新"作为共享逻辑在中国产业创新中的理论构念，或可作为新的创新视角，成为培育壮大产业创新的新动能，促进产业加快转型升级。但是共享逻辑推动产业创新的过程曲折，喜忧参半。例如在服务业领域，共享住宿、共享汽车和共享知识等发展势头迅猛，而共享单车、共享金融却陷入困境[1]。而在制造业领域，海尔集团工业互联共享平台、三一重工设备共享平台等服务创新效果显著，服务化转型顺利，但是沈阳机床集团却陷入发展瓶颈。

共享式服务创新以"共享"为核心逻辑，统筹"服务创新"理念而形成

---

* 戴克清，蔡瑞林. 共享式服务创新：制造业企业服务化转型突破路径研究 [J]. 科技进步与对策，2021，38（11）：70 – 77.

① 吕继兵. 分享经济视野的国有企业改革 [J]. 改革，2018（6）：97 – 105.

的全新概念，研究基础虽然丰富但较分散，构建和应用检验的研究尚且不足。据此，本章将继续以共享式服务创新为主要切入点，拟采用双案例对比分析的方法，剖析共享逻辑下产业创新发展中遭遇的管理技术的错位、共享理念的偏失、监管措施的缺失以及发展环境的不足等诸多问题，以制造业企业服务化转型为研究切入点，从理论层面揭示共享式服务创新对产业创新的影响机理，从实践层面探索共享逻辑下产业创新可能遭遇的陷阱及其突破路径，由此促进中国产业的高质量发展。

10.1.2　概念辨析

"共享式服务创新"以智造生产和信息科技的发展为背景，以价值共创共享为目标，以制造业的可持续发展为愿景[①]。作为契合中国制造企业服务化转型宏观环境变化和基本价值诉求的创新形式，与"共享经济模式""服务创新""开放式服务创新""低成本创新"等概念之间有着天然的关系，因此，对于相关概念的辨析可以为本章研究提供夯实的理论基础[②]。第一，关于"共享经济模式"作为一种新的经济模式，以平台为介质，以使用权的暂时转移为手段，以资源的优化利用为目标，以价值共创共享为目的，以可持续发展为愿景的新经济模式，本书已经在第 2 章进行了深入而全面的理论阐述[③]。第二，关于"服务创新"，作为一个永恒且紧迫的课题，具备 30 多年的研究历程，形成开放式服务创新、突破式服务创新、渐进式服务创新等众多研究分支，也是"共享式服务创新"的理论基础之一[④]。第三，关于"开放式服务创新"是将企业传统封闭式的创新模式开放，引入外部的创新能力

---

①　夏后学，谭清美，王斌. 装备制造业高端化的新型产业创新平台研究——智能生产与服务网络视角 [J]. 科研管理，2017，38（12）：1-10.

②　王磊，谭清美，王斌. 传统产业高端化机制研究——基于智能生产与服务网络体系 [J]. 软科学，2016，30（11）：1-4.

③　Kathan W, Matzler K, Veider V. The sharing economy: Your business model's friend or foe? [J]. Business Horizons, 2016, 6（2）: 715-734.

④　Teece D J. Explicating dynamic capabilities: the nature and microfoundations of（sustainable）enterprise performance [J]. Strategic management journal，2007，28（13）：1319-1350.

的服务创新模式，是"共享式服务创新"实现必须经历的重要创新阶段①。
第四，关于"低成本创新"，来自中国本土企业的实践活动，强调仅依靠低
成本的制造能力不具备可持续性，但是如果以低成本的方式进行技术、管理
或服务的创新，则可以形成企业的核心竞争力②，而"共享"则可作为降低
制造业企业技术、管理和服务等成本的有效途径③。因此，低成本创新和共
享式服务创新有相同的价值趋向④。关于以上三点本书在第 3 章进行了全面
阐述。

10.1.3　问题提出

　　制造业是国家生产能力和国民经济的基础和支柱，体现社会生产力的发
展水平，是国民经济的支柱产业和经济增长的发动机，在国家产业发展中占
据重要地位。因此，本章将继续以制造业创新转型的发展，作为中国产业创
新的代表案例，以共享逻辑为基本主线，以共享式服务创新为基本形式，进
行对比研究。传统制造业企业在开放式服务创新等创新理论推动下，无论是
以产品为主导的服务化转型的初始阶段，还是在智能制造和科技创新的推动
下，形成的服务化网络开放式发展阶段，或是基于共享经济模式形成的共享
式服务创新为主体，依托智能技术和信息技术，融合服务主导和价值共创共
享理念，推动制造企业进入全面服务化转型的新阶段。共享式服务创新作为
共享经济模式在生产制造领域应用的重要创新形式，对于制造业企业服务化
转型具有积极的推动作用。本章将通过纵向组内复制，依托时间序列，厘清
了共享式服务创新发展培育、转型和全面发展三个阶段特征。通过横向的组
间对比，依托程序化扎根分析，提炼了影响共享式服务创新作用实现的直接

---

　　① 狄蓉，徐明. 服务主导逻辑下服务创新价值共创机理及对策研究 [J]. 科技进步与对策，
2015，32（7）：33 - 38.
　　② 赵立龙，魏江. 制造企业服务创新战略与技术能力的匹配——华为案例研究 [J]. 科研管
理，2015，36（5）：118 - 126.
　　③ 左文明，陈华琼. 分享经济模式下基于 TRIZ 理论的服务创新 [J]. 南开管理评论，2017，
20（5）：175 - 184.
　　④ 李震，沈坤荣. 降低我国制造业企业综合成本的政策取向研究——基于供给侧结构性改革的
视角分析 [J]. 现代管理科学，2017（8）：12 - 14.

因素、中介因素和风险因素。通过分析共享式服务创新在推动制造业企业服务化转型过程中可能形成的"创新陷阱"，剖析相应的突破路径，规避潜在风险，使其成为可以激发企业服务化转型的优势动能。

10.2　中国产业创新发展的阶段特征

10.2.1　中国产业创新发展代表案例选择

10.2.1.1　代表案例选择

随着经济发展中国产业结构随之发生变化，具体表现在以下几个特点：第一产业比重下降，第二、第三产业比重不断上升，其中，第二产业中的工业增长成为中国经济快速增长的主要动力之一，与经济增长形成良性互动。因此，在此部分的研究中依然继续以制造业为研究对象，通过正反案例的对比研究，弥补前面单案例和多案例研究的不足，形成差异案例的对比研究。

案例一：沈阳机床集团（以下简称"沈机"）创建于 1935 年，经历多次资产重组与并购后积极构建以企业为主体、产学研结合、开放式的技术创新体系，实现由典型的传统"制造企业"向创新型的"智能制造企业"转型。沈机于 2012 年突破智造技术的"i5"核心技术，据此成功构建"智造共享"运营的工业服务平台。基于服务模式创新，企业初步实现由"智能制造企业"向"服务型智造企业"的转型。然而自 2019 年起，沈机在构建"智造共享新生态"中遭遇新一轮的问题与挑战，当前陷入了共享式服务创新陷阱。因此，沈机符合共享式服务创新相关因素采集的环境要求，其发展历程有助于实施案例间的对比分析。

案例二：海尔集团创立于 1984 年，从单一生产电冰箱起步，现业务领域已拓展到家电、通信、IT 数码、家居、物流等多领域，致力于成为全球领先的美好生活解决方案提供商。海尔集团一直以管理方式的时时创新著称，海尔集团为应对互联网的挑战，将"用户"作为起点和决定要素，将组织变为三级三类"自主经营体"，实行"人单合一"的管理模式。海尔推出的智能制造平台（cloud of smart manufacture operation plat, COSMOPlat），作为中国业界首个自主知识产权的工业互联网平台，具备共享式服务转型的核心特征。

10.2.1.2 研究方法

案例研究可以将研究对象放置于可被观测的实景场所，以此识别影响共享式服务创新实现的因素和风险[①]。双案例对比研究，一方面可以增加不同场景下的样本数量，通过翔实的数据分析及对比，由此弥合单案例研究的不足；另一方面可以实施组内复制和组间复制，形成互为补充、验证和解释的研究过程，又可以避免多案例研究可能带来的构念要素的分散，构念范畴难以收敛的情况。因此，依托案例研究，通过正反案例间的相似性与差异性分析，解析理论发展的共性逻辑与差异特质，可为研究结论提供更可靠的支撑[②]。

本章将厘清影响共享式服务创新的直接因素、中介因素和风险因素，并形成对核心因素的深度解析。拟选取沈阳机床集团和海尔集团作为研究母本，原因如下：（1）两个企业的存续时间和发展过程具备一定的长度、广度和丰度，可以提供较为丰富的研究素材和研究情境。（2）构建了基于智能制造基础的服务平台，在创新形态和发展愿景中，均融入"共享"要素，有明确的共享式服务创新过程，具备清晰的服务化转型演进路径。（3）沈阳机床集团在共享式服务创新中，遭遇了挫折，具有负面经验的借鉴价值；海尔集团则是稳扎稳打，目前发展态势良好，可以汲取正面经验，通过正反两方面的对比分析，有利于得到科学的研究结论。（4）两个案例皆是中国本土企业，在本土环境的影响下实施共享式服务创新的经验，对于本土企业的借鉴价值较高。（5）两个案例企业在企业性质、从属行业上存在一定的差异，对比分析可以提供较为丰富的研究情境，提高研究结论的普世价值。（6）企业的社会曝光度高，企业信息披露系统完善，文献研究资料充分，因而可以确保全面可靠数据的获取。

[①] Siggelkow N. Persuasion with Case Studies [J]. Academy of Management Journal, 2007, 50 (1): 20 - 24.

[②] 黄江明，李亮，王伟. 案例研究：从好的故事到好的理论——中国企业管理案例与理论构建研究论坛（2010）综述 [J]. 管理世界，2011 (2): 118 - 126.

10.2.2　数据编码及研究步骤

10.2.2.1　数据收集及编码过程

本章研究数据主要包括一手数据和二手数据，其中，一手数据是团队通过长期跟进调查、实地考察、网络客户端、微信客户端等多种方式获取，具体包括：（1）与企业相关管理人员进行多轮半结构化访谈。（2）通过网络客户端和服务咨询端，与企业生产和产品服务人员进行访谈。（3）通过随机抽取企业相关工作人员，借助邮件、微信等网络链接工具，进行全匿名访谈。二手数据主要来源于：（1）沈阳机床集团公布的官方信息；（2）主流媒体的新闻报道；（3）公开发表的学术论文和企业相关书籍杂志。通过多渠道进行多方验证，以保证研究数据的信度与效度。

对案例数据进行科学的逐级译码：（1）组建译码小组，邀请分属经济、管理、机械制造等不同学科背景，不同职业、不同学历层次的人员，参与开放式译码过程。（2）通过全匿名回访企业相关人员，进行译码的再精炼，实施全面即时记录，确保译码全面准确。（3）通过匿名问卷形式，将主体资料和译码所对应的概念范畴发放给 10 位相关领域专家，并比对专家回复意见，反复修正译码内容。通过对纵向发展历程进行译码，实现研究数据的概念化提取，结合横向案例间的对比分析，从现象和理论两个层面，经历组内逐项复制与组间差别复制的全面论证过程，确保所提炼构念的完整性、科学性和严谨性。

10.2.2.2　案例企业分析步骤

沈阳机床集团和海尔集团两家制造企业都具备共享式服务创新特质，但在企业性质、产品类型、发展历程和管理战略上均存在显著的差异性，可以较为全面地反映影响共享式服务创新作用发挥的直接因素、间接因素和风险因素，满足质性研究对不同情景的论证需求。双案例的对比研究步骤如下。

（1）依托时间序列，完成案例组内的逐项复制。通过组内复制提取时间节点具体包括：①企业初步发展期，企业成立至 20 世纪 90 年代中期，案例对象均实施了组织重组，成立集团。②企业成熟期，到 2007 年以前，在此阶段案例对象均发展并占据了行业领先地位。③企业创新提速期，到 2015 年，在此阶段案例对象均实施企业内部的创新变革，以期突破企业发展的高原现象。④企业创新活跃期，在 2016～2018 年，案例对象在此期间实施了大量的创新举措，对企业形成密集的变革影响，因此，将对这一时期进行逐年的组内复制。

（2）借鉴程序化扎根理论方法高度系统化的译码标准，参照组内逐项复制获取的时间节点，实施数据概念化提炼，为案例的组间对比研究提供基础。

10.2.3　共享式服务创新发展的阶段特征

10.2.3.1　案例数据列举及概念化结果

通过对案例对象的分析，可以提炼概念化分析结果，具体内容如图 10 - 1 所示。

10.2.3.2　案例企业创新发展的阶段性特征

依托组内逐项复制形成的双案例组间复制的事件对比节点，基于程序化扎根形成案例组件差别复制的概念化结果，可以提炼沈机集团和海尔集团在实施共享式服务创新过程中，形成企业发展的阶段性特征如下。

第一阶段是企业基础环境培育阶段（自创建到 2010 年前后）。包括：第一，多元化发展。两个企业存在的共同特征是由单一产品生产向多元化生产转型，产品质量管理和用户管理是此阶段发展的核心内容。沈机与海尔分别于 1991 年和 1995 年进入集团化发展阶段，形成多元化发展格局。第二，市场化发展。两个企业都采用了国际化战略，并坚持实施质量战略与用户战略，由此确保行业领先地位。但是在这一阶段两个企业发展存在异质性特征，主要在于沈机重视企业外部合作渠道的拓展。通过联合设计、技术合作、打造应用产业链、开放性的商务合作平台及构建"SMART"联盟等举措，实施跨领域、全产业的合作战略，有效地提升了企业与企业之间、企业与行业之间，以及企业与市场之间的交流合作空间。海尔则更加专注于企业内部名牌战略和可持续发展的管理创新战略的实施，特别是"人单合一"模式的开创，与随后互联网时代"零距离""去中心化""去中介化"的时代发展特征相契合，

概念化	沈机数据列举	时间轴	海尔数据列举	概念化
单一产品/质量管理/成立集团/进入多元化发展	传统装备制造/机床主导/工业母机/引进制造技术→自主开发/引进管理技术→基地化建设/管理革新设计革新计算机工艺设计/承诺用户/提升品质声明/1995年重组成立集团……	1935~1995年 / 1984~1991年	传统家电制造/冰箱主导/技术引进/企业管理创新/高质量管理/"砸冰箱"事件/消费者信任/制定名牌战略/市场抢购/形成可移植模式/1991年成立海尔集团	单一产品/质量管理/成立集团/进入多元化发展
用户/质量/技术创新/注重信息/行业翘楚	企业整合/用户战略/质量战略/规模战略/设立情报网/引进专家/研发战略/市场化战略/管理科学化/自主创新/出口基地/龙头企业……	1995~2007年 / 1991~2005年	国际化战略/品牌化战略/质量管理/应用标准→制定标准/自主创新/创新发展模式/创新管理模式/创新企业文化/人单合一/规模发展/员工价值/技术突破/多合开放创新/三园一校/百强首位……	国际化/品牌/用户/质量/多维创新/多合开放创新/行业翘楚
平台模式/金融生态/跨领域联盟/工业服务商/i5智造技术突破/财务问题	装备先进化/管理科学化/自主创新/跨领域合作/打造应用产业链/打造商务平台/人性化设计/新理念/金融生态/银企合作/创新合作/开放式平台/创新合全产业战略合作平台/管理服务模式创新/"SMART"联盟/世界销售第一/财务指标转负……	2007~2012年 / 2006~2008年	改变服务模式/海尔网络家庭U-home-U-life/产品设计→市场设计/开创售后服务新标准/企业—消费者协同利益/设计创新/政企相herit协同/节能绿色发展模式/中国式服务/"开放、对等、共享、全球运作"……	平台模式/网络生态/协同发展/绿色发展/服务创新/共享理念
创新人物/全程服务/用户共创/信息科技/共享模式/服务主导/资产恶化	创新人物/创新驱动/整体解决方案/现代工业服务商/产品生命周期服务/创新工业服务模式/互联网载体/生态框架/云制造/智慧制造/立体互联/商业模式/新经济模式/智能平台/协同分享环境/资产质量恶化/存货减值……	2013~2015年 / 2010~2015年	一站式生活解决方案/物联网/互联网战略/客户定位战略/机制创新/人单双赢模式/创造、共赢、分享/聚焦用户、资源整合、共赢发展/"卖产品"向"卖服务"/制造业向服务业转型全面提速/双创时代/"企业平台化、员工创客化、用户个性化"/海尔消费金融……	全程服务/用户共创/信息战略/共享模式/服务化提速
新经济/新业态/共创共享生态/智能生产平台/人才基地布局/加速服务化	共享服务模式/服务主导创新/共享盈利模式在线定制/i5战略在线定制/用户共创/双创模式/最终价值收费/工业小镇/智能工业数据大平台/订单共享/智能智造生态系统/金融性租赁/U2U分享模式/数字虚拟平台/i5战略/工业服务集团/平台型智能机床/指尖上的工厂/生态平台/服务平台/制造学院……	2016年	共创共赢生态圈/开放式的创新平台/产融消费场景的新服务/"海创汇"创客孵化中心/海尔精神/共享平台/海尔作风/人单合一/小微引爆/智能制造云平台COSMO/海尔UHomeOS/海尔商业模式/海尔生态圈共创共赢模式创新/海联互通新生态/共创共赢新平台……	新经济/新业态/共创共享生态/智能生产平台/人才基地布局/工业互联平台
共享模式创新/共享生态建设/重工业互联业/共享平台/企业资金问题	生产资料共享/资源共享/平台共享/分享智造/产业共享生态/共享中心平台建设/制造生态共享/工业共享经济/全产业链配套服务/即时分享价值/产业共享互联/"止血、输血、造血"的改革方略/剥离低效资产/扭亏为盈……	2017年	产—城—创生态圈/人人创客/每个发展阶段对应不同的创造价值和传递价值体系/适应物联网时代发展/颠覆经典管理/创造物联网引领模式/电器产品变为网器/用互联网思维创造的管理模式……	共享生态建设/创客基地/互联网价值思维
创客基地/工业互联价值思维/现代服务平台/减负需求	创客孵化基地/共享工厂/智能机床+工业互联网+金融+大数据+再制造的智造共享平台/现代服务业融合/共享平台/共享新生态/创业服务平台/企业历史负担/政策补贴需求/用户接受度/重工业互联……	2018年	双创精神/"三易"辩证思想/"三生"体系/用户价值/用户最佳体验/用户交互与迭代升级/生态系统/生态圈内利益攸关方的增值/COSMOPlat首个"基于工业互联网的智能制造集成应用示范平台"……	企业文化/共创生态价值/共享生态价值/智造工业互联平台

图 10-1 双案例纵向数据列举及概念化提炼

资料来源：笔者综合一手资料和二手资料提炼而得。

为海尔的创新发展奠定了坚实的基础。第三，扁平化发展。两个企业对于平台、信息和服务的重视，使其采用联盟发展、开放合作等发展方式。然而，沈机在增售不增收的发展格局下，首次出现财务指标转负的情况，形成企业对金融资本的依赖，金融生态构建成为企业服务化创新的重要目标之一。海尔则在平稳发展中进一步将生态与共享纳入服务创新与企业管理。

第二阶段是两个企业的转型初期（2015 年前）。此阶段以企业核心智造技术突破和信息科技的应用为基本特征，也是后期共享式服务创新实施的技术积淀阶段。互联网技术、新经济、新模式等推动企业的全面改革，沈机在实现核心技术突破后，协同分享环境则成为服务化变革的主导环境，通过实施"i5"平台化发展战略，实现对传统顾客的颠覆，转变企业"顾客"角色为"用户"，发掘用户价值，形成从"卖机床"到"卖服务"的全生命周期服务转变。海尔则进一步丰富人单双赢模式，以 U－home 为载体，提出企业平台化、员工创客化、用户个性化的发展战略，从"卖产品"向"卖一站式生活解决方案的服务"转型，为企业的服务化提速。两个企业的服务化转型虽有差异，但都具备共享式服务创新实现的基础要素：即核心智造技术突破和共享服务平台的构建。由此支撑该阶段的发展核心目标：服务价值与用户价值的全面发掘。

第三阶段是两个企业的全面转型期（2016 年以后）。工业经济融入服务经济成为发展的主流趋势，同时叠加虚拟经济、共享经济等新经济形态，企业转型面临前所未有的不确定发展情境。在此期间，沈机与海尔在服务模式创新和转型中形成两条主线和一个愿景，即共享服务主线和共创价值主线，而构建共享智造新生态，则是此阶段两个企业发展的共同愿景。共享因素作为服务化变革的核心因素，成为新时代智能制造企业服务化转型的主要抓手，沈机依托"共享机床"实施了一系列共享服务的举措，包括 0 负担、0 首付、0 利率的 0 元购机计划，共享全产业链的配套服务，共享生产资料，并尝试将企业"用户"纳入企业"创客"系统，参与企业制造，共享制造价值。海尔则以"人单合一"商业模式为载体，通过突出个人及自主经营团队的主体地位，实现企业、员工、顾客的互利共赢，借助共创共赢的共享平台，推动互联互通的生态圈建设。此阶段作为共享式服务创新的全面发展阶段，基于两个案例企业发展现象可以提炼的共性发展因素包括：共享服务的主导逻辑，

价值共创共享的主导逻辑。由此形成此阶段发展的核心目标：互联网价值思
维下的共享智造生态建设。

10.3　中国产业的创新陷阱与突破路径

10.3.1　创新陷阱分析

"创新陷阱"是指在技术突破、市场环境、创新活动和竞争策略等共同影
响下，企业创新行为偏离正轨，造成高投入、低产出（或负产出）的非正常情
境。创新陷阱类型各异，针对中国企业，早期研究提出过快创新陷阱、过早创
新陷阱、过度创新陷阱、过虚创新陷阱以及封闭创新陷阱等[1]。后期关于技术
与管理、企业家精神等诸多因素，都可能让企业陷入不同的"创新陷阱"[2]。

沈机与海尔两个企业的共享式服务同样有可能蕴含"创新陷阱"。纵观
沈机与海尔的纵向发展历程，通过核心因素的范畴化提炼，实施双案例的组
间对比分析，厘清案例各个范畴维度的表象特征以及表象特征之下的发展导
向，由此提炼影响共享式服务创新的直接因素、中介因素和风险因素，揭示
可能的"创新陷阱"，如表 10 – 1 所示。

表 10 – 1　　　　　　　核心因素的范畴化提炼和差异性对比

核心因素	范畴化	差异化（沈机 vs 海尔）		
		案例现象	发展导向	产生的影响
直接因素	智造技术	i5 智能数控系统 vs UHomeOS 操作系统	指尖上的工厂 vs 智慧生态操作系统	用户参与制造的智造新生态 vs 行业服务标准制定者
	信息技术	i5OS 系统 + iSESOL 互联网云平台 vs 海尔 COSMOPlat 国家级工业互联网 + 智能制造集成应用示范平台	智造工业服务大平台 vs 开放式的创新平台，小微、创客共创共赢生态圈	颠覆制造企业盈利模式 vs 人单合一、小微引爆、"三生"体系建设

---

① 杨杜. 论企业创新的五大陷阱 [J]. 经济理论与经济管理，2007（2）：65 – 67.

② 李勃昕，惠宁，周新生. 企业创新陷阱的衍生逻辑及有效规避 [J]. 科技进步与对策，2013
（20）：63 – 66.

续表

核心因素	范畴化	差异化（沈机 vs 海尔）		
		案例现象	发展导向	产生的影响
中介因素	服务逻辑	产品全生命周期服务→全产业链配套服务 vs 用户最佳体验服务→中国式服务典范	从产品服务转向制造全过程服务共享 vs 从传统售后服务转向产品全周期创新服务共享	即时共享服务生态 vs 互联网服务生态
	价值诉求	5D 制造谷建设和机床租赁的 U2U 分享模式 vs 海尔每个阶段对应不同的创造价值与传递价值体系	从产品收费转向生产过程收费 vs 从产品价值转向员工（创客）和用户价值	用户、小微和企业价值共创共享 vs 实现生态圈内利益攸关方的迭代升级增值
风险因素	管理技术	现代工业服务商管理服务模式，工业创新联盟"SMART 联盟"，人浮于事，官员多于工人，倒置的金字塔架设 vs "人单合一"模式，海尔模式，"三易"辩证思想，"三生"体系	建立共享式制造模式 vs 建立海尔品牌文化，管理文化和创新文化	未形成可以上升到一般性、广义性和符合国际共识的管理模式 vs 形成"海尔制管理模式"使其管理技术从个别性上升为一般性 *
	营商环境	债权债务豁免协议，国家八部委联合印发，"止血、输血、造血"的改革方略，与建行联手搭建资本平台 vs 最受赞赏的中国公司：管理水平、创新能力和社会责任感；海尔希望小学、社会捐赠、参与英国节能激励计划等	对国有大型金融机构、地方和中央政府依赖性强 vs 企业社会责任感培育，社会价值的扩散，坚持海尔精神与海尔作风，形成独立的管理体制与品牌价值	容易陷入创新陷阱 vs 自主发展力、规避风险能力强

注：* 李海舰等在《新时代中国企业管理创新研究——以海尔制管理模式为例》一文中将海尔模式、海尔管理模式、海尔集团管理模式和海尔人单合一模式等，从理论层面统一表述，提出海尔制管理模式，以此匹配海尔发展实践由个别性到一般性，由狭义性到广义性，由中国特色上升为国际共识，并与福特制管理模式等对接。

资料来源：笔者综合一手资料和二手资料提取而得。

　　首先，影响共享式服务创新形成的直接因素是智造技术和信息技术。技术的重大突破可能导致的"技术间断"①和行业标准破坏，容易让企业陷入

---

　　① 库珀（A. C. Cooper）和安德森和托斯曼（P. Anderson and M. L. Tushman）将技术间断认为是产品技术性能或性能价格比的巨大变化，可以"显著地推进一个产业的价格性能边界的创新"。因此，技术间断过程是新旧技术转换过程，会打破原有行业标准。

"孤立自新陷阱"。在两个案例皆实现了技术突破,但海尔通过战略布局实现创新技术的连续性发展和行业标准的重构,而沈机则陷入了"孤立自新陷阱"。海尔除了和沈机一样关注智造技术突破和平台建设外,还通过技术创新的引领性地位,积极获取行业标准的制定权,注重技术进步过程中配套管理体系和文化体系的梳理与建设。例如海尔智慧操作系统,让其占据行业服务标准制定者位置,由此保障了其自主创新的领先地位。而工业互联平台匹配独具海尔特色的"人单合一"模式,则成为贯穿海尔发展始终极具生命力的经典管理范式。沈机则没有将技术自主创新与管理、文化系统创新相并重,虽然积极推进 5D 制造谷的建设,但是没有在机床行业内形成共识,行业创新环境不足。

　　其次,服务主导逻辑和价值诉求是影响共享式服务创新实现的重要中介条件。创新理念与市场需求的错位,形成"创新约束陷阱"。企业在传统创新理念引领下,忽视了市场对其创新活动的接受程度,致使陷入"创新约束陷阱"。共享经济模式所包含的核心主导逻辑是"共创"与"共享",通过平台化共创价值,通过服务传递共享价值,是高于目前制造企业的主导服务逻辑和价值诉求。制造企业意识到服务主导逻辑的重要,积极将服务从传统的单一"产品"服务,拓展"产品—服务"的统一,但是很多企业还未能如沈机、海尔一样做到将服务涵盖全产品生命周期和全产业链,并形成基于价值共创共享的企业主导价值逻辑和传递路径。因此,海尔在拓展服务的同时,将接受服务的用户体验作为服务价值体现的重要衡量标准。但是沈机则在一定程度上忽视了服务监管与反馈机制的建设。就如在对沈机一线售后人员的全匿名访谈过程中,不少受访人员提到:"用户喜欢 i5 免费试用期,但并未想真正购买","客户对于集团提供的产品服务不予置评,因为很多用户并未真正体验完整的全生命周期服务","对于机床租赁形式,用户的接受度大约是一半一半吧"。从价值共创共享的逻辑,沈机全面布局 5D 智造谷,邀请小微企业参与生产,但是却缺乏完备的动态评估系统,这与海尔"每个发展阶段,皆对应不同价值创造与传递体系"的动态管理发展策略完全不同。

　　最后,企业的管理技术与所处的营商环境直接关系企业在实施共享式服务创新中可能会产生的"过快创新陷阱"。共享经济的井喷式发展和经济规模的快速扩张,让许多企业垂涎三尺,沈机顺应共享情境,实施的"0 负担、0 首付、0 利率的 0 元购机计划""生产资料共享"等一系列共享创新举措,从管理技术的角度来说，属于创新初探，缺乏企业一贯沿袭的创新实践作为基础。而海尔则以"每个员工都应直接面对用户，创造用户价值，并在为用户创造价值中实现自己的价值分享"的人单合一模式作为管理技术创新的延续性载体，为企业共享式服务创新的实施提供坚实的基础。沈机投资 10 多亿元研发出 i5 智能控制系统的"共享机床"，却忽略了在行业间共性文化的建设和独立环境的营造。海尔则通过一系列社会活动，扩散创新理念，打造适宜企业发展的营商环境和行业环境，实现在技术创新的同时不乏管理理论和管理文化的支撑，以自主发展能力突破创新环境的不足，打造了与沈机完全不同的创新环境。

10.3.2 "创新陷阱" 的突破路径

通过案例企业的纵横解构，从共享式服务创新的三个核心因素维度对比沈机与海尔创新历程、创新举措和创新效果，提炼风险因素形成的"创新陷阱"，包括：孤立自新陷阱、创新约束陷阱和过快创新陷阱。沈机所遭遇的发展"困境"，亟待通过对不同创新陷阱的各个突破，推动企业重生。

突破路径之一：构建众创服务生态。共享式服务创新的核心是"共享"，因此，企业在技术创新的同时，重视行业标准重构，确立行业创新引领地位，培育适宜的创新环境和共性文化，构建"众创"服务生态，由此避免企业陷入"孤立自新陷阱"。对于沈机和海尔这样的老企业，突破传统资源约束，在追求技术、模式创新同时，不能忽略在行业中宏观环境的作用。沈阳机床集团的技术创新虽然让其再现销售热潮，但却因技术、模式的高创新性，缺乏适宜的行业发展环境和产品市场环境。因此，在企业的历史包袱和既有臃肿的组织架构的约束下，使其虽有做大的空间，却失去了做强的动能。海尔则以行业标准制定者的高度，传播创新理念、扩散创新技术，打造创新文化，营造行业创新氛围，实现从"独创"到"众创"的飞跃，极大地提升了共享式服务创新的效率。

突破路径之二：完善创新的阶段评估机制。积极避免创新过程中"创新理念"和"市场需求"脱节。在竞争环境下，企业迫于压力，希望通过强化创新理念，提高创新效率，不惜以企业利益为代价，"试水"创新效果，终将掉入"创新约束陷阱"。沈机财务数据显示，在 2012 年财务指标首次转负的情况下，并未控制创新节奏，即使是在 2013 年财务指标持续下滑，以及 2014 年资产质量恶化的情况下，沈机依然持续实施共享机床的实践，严重影响资金回流速度。为了弥补共享机床服务的资金回流速度，沈机实施了"金融助推"策略，具体包括通过跨界合作寻求金融支持，实施融资性租赁，创新金融合作模式，并将生产服务平台进一步向金融服务领域扩充，创新节奏过快与过度拓展金融服务，造成企业陷入共享经济模式潜在的"过度金融化"和"过度规模化"的发展陷阱。同时期，海尔则是稳打稳扎，创新与评估并重，交错进行，互为助力，符合新事物螺旋式上升的发展过程。因此，企业明确可成为创新陷阱的重要突破路径。

突破路径之三：培育精准的创新识别能力。通过对创新环境、发展速率及创新承载力的识别，精准判断创新阶段、与创新可能产生的绩效，由此避免"宏观环境"与"创新需求"的错位，避免"过快创新陷阱"。"沈机困境"一定程度上来自企业发展阶段和现实状况与企业创新举措和管理举措的不匹配，导致企业发展中的基础、技术、管理错位。沈机作为传统国有大型企业，存在支持企业创新的内部管理制度机制不灵活的制度通病，使沈机集团即便实现技术突破，仍然深陷市场煎熬。机床行业发展的宏观产业环境活力不足，导致装备制造业转型困难。支持企业创新的政治法律结构不完备，沈机所在的东北老工业基地，知识和工作方法陈旧，不擅于创新，欠缺契约精神和规则意识，致使营商环境问题较多。海尔则通过海尔希望小学、社会捐赠、参与英国节能激励计划，树立企业的社会责任感，成为受赞赏的中国公司，主动营造良好营商环境。扩散社会价值，坚持海尔精神与海尔作风，形成独立的管理体制与品牌价值，降低了企业因宏观环境不足所带来的创新风险。因此，主动营造企业所需要的营商环境是实现创新突破的重要路径。

10.4　本章小结

10.4.1　研究结论

通过沈机与海尔的双案例纵向组内复制和横向组间对比，提炼出包括质量管理、多元化发展、用户价值、技术创新、平台模式、服务创新、共享理念、共享生态、共创价值等 71 个概念要素。共享式服务创新形成的企业发展的阶段性特征包括：以多元化、市场化和扁平化为特征的基础环境培育阶段，是共享式服务创新实施的基础期；以核心智造技术突破和信息科技应用为基本特征的转型初期阶段，也是共享式服务创新的技术积淀期；以服务经济叠加新模式和新业态为特征的全面服务化转型期，同时是共享式服务创新的全面实施期。

通过双案例的横向对比分析，发现影响共享式服务创新的直接因素、中介因素和风险因素。其中，直接因素来源于智造技术和信息技术的突破，可视为共享式服务创新发展的技术环境形成阶段。中介因素来源于服务主导逻辑和价值主导逻辑的培育，可视为市场环境的培育阶段。直接因素和中介因素中均可能形成风险因素，具体来源于企业所处的管理技术与营商环境；当管理技术、营商环境与企业创新程度高度匹配时，或可有效规避共享创新中可能存在的"创新陷阱"。

厘清共享式服务创新实施过程中可能出现的三大创新陷阱及其形成原因："技术间断"和行业标准缺失可能导致企业陷入"孤立自新陷阱"；市场创新环境、创新理念和创新需求的错位可能推动企业陷入"创新约束陷阱"；技术环境与营商环境的发育不足可能导致"过快创新陷阱"。同时提出突破创新陷阱的具体路径，包括：一是构建众创服务生态；二是完善创新的阶段评估机制；三是培育企业精准的创新识别能力。由此或可规避共享式服务创新的潜在风险，成为可以激发企业服务化转型的优势动能。

10.4.2 发展建议

目前制造业的智能化变革势不可挡，然而新技术、新模式、新经济和新业态的快速交替使创新同样存在潜在的风险，制造企业在共享式服务创新的过程中需要重视以下四个方面问题。

准确定位企业基础制造的技术水平。制造业企业需要发展多元的技术改革路径，降低智能化技术革新的成本与难度，提高技术性革新的收益与效率。制造业企业由简单制造向智能制造的转型，需要强有力的技术研发支撑，对于诸如海尔等大型制造企业来说，可以形成基于核心技术研发的技术输出型路径，对于大多数的中小型企业来说，则需要借助技术核心企业的辐射作用，通过引进、联盟或租用，以及多用户主体的技术参与等多种手段，推动技术输入型路径的形成。但是，企业的技术性革新和服务化布局是极其复杂的转型过程，不可能通过单一的输入或输出路径实现，因此，通过技术改革路径的多元化发展，可以确保制造业企业紧跟新一轮的工业革命步伐，打造坚实的服务化转型技术基石。

重视组织内外部创新环境的搭建。企业需要客观审视所处的内外部创新环境，在突破传统资源约束，追求技术、模式创新的同时，不能忽略与行业宏观创新环境的匹配和共同发展，从而规避因缺乏适宜的行业产品创新环境和市场创新环境，导致组织内部创新效应缺乏释放渠道，不能发挥创新的扩散效应和带动效应，无法实现可持续发展。避免组织外部创新环境的缺失，以及转型时期可能遗留的低端资产包袱、臃肿的组织架构等问题，激发企业服务创新效应，保障企业不仅有做大的空间，也有做强的持续动能。例如，海尔与沈机在组织外部创新环境的培育上路径不同，形成了截然不同的创新局面。

布局企业服务化的支撑系统，具体包括配套的布局策略和技术载体。配套的布局策略是指企业服务化所需要的主体与客体，以及其他利益相关者的参与，只有服务化的布局战略，才可以培育相应的服务提供群体、服务参与的用户群体以及服务化所需的支持群体。不断扩大企业生产的参与主体、利益的共享主体，实现由产品生产向全方位、全价值链和全生命周期管理的一站式标准化工业服务提供的转型。技术载体当前更多地表现为工业互联网平台的建设，大型制造业企业均在积极布局工业互联网平台，诸如海尔布局了卡奥斯（COSMOPlat）、沈机布局了尤尼斯（UNIS）工业服务管家等。中小型制造业企业则需要积极在平台上寻求服务，两者交互作用可以很好地推进制造共享的实现。服务的无形性和共享的经济性，要求一切制造服务需要通过规范的、可约束、可追溯的载体实现。

促进企业内外部创新文化的培育和协同发展。管理技术的科学化可以推进发展速度，促使企业适时调整管理策略，但是需要企业内外部文化的支持，文化环境的形成可以承接企业经营思想与社会宏观创新文化的协同发展，可以引领企业规避风险，实现健康可持续发展。例如海尔，能够以"海尔文化"推动企业从简单的"产品库"发展为先进的"思想库"，确保了企业创新的效用价值及健康可持续，基于多方主体共同培育共享和创新的文化环境则可以对企业形成很好的外部支持。因此，就政府而言，应优化营商环境，深化创新政策，推行共享理念，促进政企关系的良性互动；就制造业企业而言，应通过企业内部创新理念和管理文化的培育和内外部的协同发展，才能保障创新举措的实施和创新绩效的持续增长。

第11章 结论与建议

11.1 主要结论

本书以"共享"为研究的逻辑起点，以中国产业创新为研究对象，具体结合服务业和制造业两个领域的创新举措，进行了分层次研究。

11.1.1 总体层面

总体层面上，将中国产业创新置于多层次分析框架之中，以共享逻辑的代表性新经济形态"共享经济"为研究的具体视角，分析中国传统产业创新升级的机理。具体解决了在共享新经济下传统产业转型实践中存在的问题突出，例如解决供需错位下的过剩产能的化解，通过共享实现要素组合的优化，提升传统产业的经济效率，创新性地打破传统产业链上下游壁垒，形成可持续发展的价值环路等。具体得出以下结论：一是共享经济驱动的传统产业创新路径是可持续演进的活性发展路径。可以促进社会经济可持续发展，缓解宏观环境场景对于传统产业的压力，可以保护有限资源并稀释过剩的产能，优化资源配置，促进资源永续利用的实现。微观上共享型创新企业的成功运营，已经证明小生境中的创新群体可以突破萌生期的各种耗损变量，实现演进；创新平台的扩大显示共享创新域在不断扩展，借助其他层级促进变量的作用力，融合共生形成多方参与过剩产能交易的健康的共享市场。二是在各层级内部及层级间，构建协同大于竞争的演进关系是传统产业实现共享创新的主要途径。需要培育小生境创新群体，重视社会技术域主体共享的新型商业平台建设。建立管理规制和强化互信体系，可以在一定程度上弱化路径演进过程中外部抑制变量的影响作用，弥补市场运行的缺失，实现创新各层级的协同发展。

11.1.2 中观层面

中观层面上，以服务业为例，全面测度国内 30 个省份的产业创新效率，并结合绩效分析结果，从组织层面和个体层面分析在共享视角下影响产业创新绩效的具体因素。得出以下结论：以共享经济为代表的新经济在发展初期驱动国内 30 个省份创新发展均有一定效果，测度期效率水平虽整体偏低但呈稳步增长的趋势，从测算基期到末期增长率超过 10%，增长速度较快。整体效率水平分布特征是东部最高、中西部次之，各地区创新效率拥有较大的提升空间。创新效率在两个子阶段效率上的不均衡发展，是影响测度地区整体效率提升的主要因素。创新技术的应用效率及其与共享经济型商业模式融合效率的差异，形成的特殊效率水平地区的存在，说明整体效率水平受信息技术发展水平或共享经济商业模式运作水平影响显著，阶段效率水平则受地区资源禀赋、政策支持、产业地位、创新理念和区域环境等多样且复杂的因素影响。

从组织视角和个体视角对具体的影响因素进行分类论证。组织视角的影响因素包括：环境影响因素中区域经济水平差异和区域对外开放程度直接影响组织创新整体，区域经济水平通过拉动信息科技创新，提高区域创新能力，但是对于产业融合过程作用并不显著。要素创新对于信息与产业融合共享过程具有极大的促进作用，是提升创新效率的重要因素。常态化的产业发展环境和优质且成熟的资源条件，并不利于创新效率的提升。因此，后发地区的非模式化经营个体创新能力的提升更有利于推动产业创新的实现。个体视角的影响因素包括：分享意愿与分享行为存在显著的正相关，在虚拟化产业空间和现实产业实体间的界限趋于模糊，二维空间的壁垒在逐渐被打破，主体的风险性感知和产业云端社区作用感知，对于分享行为影响并不明显。分享主体对技术有用性、易用性的感知弱化，在一定程度上是对早期技术接受模型在当前情境下的一种优化。随着技术的渐趋成熟与普及，技术对于参与主

体分享意愿的影响作用将越来越不明显。激励作用对于分享态度的影响效果
最为显著，权限分级等激励方式可能会正向促进知识、技术和信息的共享，
并推动产业创新发展。

11.1.3 微观层面

微观层面上以制造业企业为例，具体结合几个制造业企业的创新举措，
完成对共享逻辑下中国产业创新发展中共享逻辑的提炼，产业创新的机理，
以及创新陷阱突破路径的分析。具体结论包括：第一，通过单一案例研究，
解析前置环境、运行机制和动源基础三大构念，及其在共享模式创新过程的
形成机理分析。构建制造业共享模式创新实现的运行机制和驱动机制典范模
型，厘清制造业企业共享模式创新的实现机制，推演出制造业创新升级中的
"共享"逻辑特征。通过对各构念维度涵盖内容的梳理、整合、精炼，在
"共享价值"和"完备生态"两个度量指标形成的系统维度内，构建一个包
含基本构念维度和构念要素的共享模式创新实现的路径模型。共享模式创新
的实现路径以"服务"为基本主线，涵盖了"前置环境""管理变革""共
享生态"三个阶段，具备典型的阶段性和曲折性特点。第二，通过实施多案
例对比研究，增加不同场景下的样本数量，通过组内逐项复制与组间差别复
制，进一步检验反映共享逻辑的特征构念"共享式服务创新"，提高研究结
论的普适价值。共享式服务创新过程包含前期基因、结构基因、调节基因和
后期基因，其中，前期基因和结构基因的表达过程是以核心智造技术创新和
管理机制变革为重点，以创新环境的构建为目标，通过在基础性技术变革中
全面融合互联网科技，实施多重创新战略和价值结构的调整。调节基因表达
过程激活了共享式服务创新在企业系统中的应用，与前期基因、结构基因一
起共同影响企业原有的技术、市场、管理、价值与创新系统。后期基因表达
过程也是共享式服务创新驱动机制的作用过程，是全面融合共享模式，依托
智造服务平台，以价值和系统的创新为重点维度的创新演进过程。依据基因
类别和要素的分析，可以揭示共享式服务创新实现的动力来源于价值共创共
享系统和服务生态系统。由此，形成价值共享程度和生态系统完备程度的二
维测量空间，绘制了以服务为主线，包含技术环境创新、管理变革实施和共

享生态构建在内的多阶段、曲折发展的共享式服务创新基因成长路径模型。第三，通过双案例的横向对比分析，发现影响企业创新的直接因素、中介因素和风险因素。直接因素和中介因素均可能形成风险因素，具体来源于企业所处的管理技术与营商环境；当管理技术、营商环境与企业创新程度高度匹配时，或可有效规避共享创新中可能存在的"创新陷阱"。"技术间断"和行业标准缺失可能导致企业陷入"孤立自新陷阱"；市场创新环境、创新理念和创新需求的错位可能推动企业陷入"创新约束陷阱"；技术环境与营商环境的发育不足可能导致"过快创新陷阱"。

11.2 对 策 建 议

诚如在本书绪论中所指出的，当下中国产业创新发展战略必须要考虑"新技术、新产业、新业态、新模式"的四新经济形态所蕴含的内在发展动力和逻辑。以共享经济、数字经济、平台经济等为代表的四新经济的典型形态，结合中国的传统产业、经济环境和人文特征，已然被中国化，形成了融入中国特色和中国理念的全新经济范式。本书在理论上深入探究了共享逻辑下中国产业发展的机理，提炼对共享逻辑的具化构念，实践上深度剖析了中国产业创新路径及其可能面临的发展陷阱。据此，本部分从理论和政策两个方面总结相应的发展建议。

11.2.1 理论发展建议

本书研究对象从中国传统产业领域具体到服务业领域，再到制造业领域。研究视角从狭义的共享经济到广义的共享经济，形成完整的共享逻辑研究视阈，提炼了共享逻辑的典型构念，其基本内涵如下：共享式服务创新是基于共享经济模式形成的以服务为主导逻辑，以激励企业用户价值共创及多元主体互动发展为主导过程，以智造服务生态创建为主导目标的产业发展创新形式。

因此，提出以下三个在理论研究上的建议。

首先是理论应用情境，包括以下三类：一是由非资源持有主体依赖平台介质，与资源持有主体共同提供产品的情境；二是由资源持有主体集中提供可共享资源，服务于多个非资源持有主体，合作提供产品的情境；三是由资源持有的多主体协同提供同类或互补资源，与非资源持有主体共同参与产品生产或运营的混合情境。

其次是理论应用价值，具体包括：一是通过活化资源配置方式，充分利用企业的资本存量，盘活"僵尸"资源，提高企业的生产效率和管理效率；二是通过优化制造业的供求适配路径，降低企业生产成本，分散企业的创新风险，满足高质量和个性化的市场需求，形成价值共创、共享的服务生态格局；三是通过共享式服务创新的实施，促进微观小生境创新、中观社会技术域改革、宏观环境场的优化，从而构筑可持续发展的制造业服务生态系统。

最后是理论发展的建议：一是理论的进一步修正、完善。本书理论仅是从制造业创新出发，缺少在全产业领域的多角度验证，需要进一步提升理论的普适性价值。二是理论的细化研究。包括：从共享的范围出发，从产业领域内、跨产业间，从局域内部、跨局域间，从企业内部部门、跨企业联盟等，不同范围探索共享逻辑下，不同主体的协同创新。不同类型主体在协同创新中的利益目标、诉求分析及议价能力评估，超额收益、隐形收益和溢出效益评估与分配，成员间有选择的激励机制，共享创新中技术共享的风险、制度政策的导向与产业创新活动间的错位、"奥尔森困境"等问题预防的细化分析。

11.2.2 产业政策建议

共享逻辑对中国产业创新发展意义重大，宏观上有利于中国资源、经济、社会可持续发展的实现，微观上有利于中国产业通过创新实现高端化、高质量、高效能的转型升级。因此，在产业政策上，提出以下建议。

（1）构建共享价值体系，形成共享共识。构建具有中国特色的产业创新主导价值体系，形成产业共享发展的内在动力。在一切经济均可视为服务经济的发展环境下，企业创新路径亟待将产品主导的企业发展模式，转变为以"服务"为核心的企业发展逻辑体系。在当下的技术发展环境中，打破传统企业封闭式的竞争现状，拒绝"封闭自守"，积极利用并参与共创共享的产业创新体系。培养企业共享意识，将共享意识融合共享价值，统一于中国产业创新发展过程。培养社会、经济主体的共享文化，形成从以合理完备的激励机制激发创新主体积极、主动、客观并真实地共享经验、知识、资源和能力，到超脱激励机制的主动共享共识的形成。自发共享推动产业创新发展在我国意义尤为深远，不仅是五大发展理念之一，也是与中国社会发展愿景相契合的有益的社会主体意识形态，更是对全社会实现共同富裕有着深远的影响。

（2）积极构建并准确评估共享逻辑下中国产业创新需要的发展环境。准确识别产业创新的实现是依托核心技术突破的服务共享，还是依托管理系统变革的组织共创，对于产业创新绩效的提升意义重大。共享逻辑下企业创新需要技术环境和管理革新协同作用，但并非所有的制造业企业都可以同步完成核心技术的突破和管理系统的变革。企业可以通过对自身创新能力和创新环境的准确评估，选择有效的创新方式，明确在共享逻辑下产业创新生态中企业角色的定位。资源持有者占据"主导者"角色，需要持有核心技术资源或资源整合介质，通过主导资源和服务的提供创造价值，并推动价值的指数级增长；而非资源持有者，在共享式服务创新过程中，更多地占据"参与者"角色，通过管理系统的变革，积极融入共享主体，以此弥补资源上的不足，实现价值共创与利益共享。

（3）完善共享创新生态系统，形成协同共进可持续的产业发展战略。通过个体和组织积极主动地融入共享创新生态系统，实现中国产业的全面转型。共享创新的发展新生态，其特质是形成以服务、知识、技术、产能等为主体的"即时共享"制造新生态，由此解决产业创新过程中存在的"六差现象"①，即技术差、需求差、时间差、信息差、产能差和信用差。共享生态的循环性、系统性和完备性，可以有效弥合大企业在关键技术攻关成果与中小企业在生产技术应用衔接上的差异，不同产业主体在技术、知识等方面的需

---

① "六差现象"在本书中具体指：第一，技术差：大企业关键技术攻关成果与中小企业生产技术应用衔接上的差异；第二，需求差：不同产业主体在技术、知识等方面需求的差异；第三，时间差：产业创新发展所处阶段存在的时间差异；第四，信息差：产业创新发展中信道建设速度和宽度形成的信息获取能力与数量的差异；第五，产能差：企业间产能、产能与产品创新要求间的差异；第六，信用差：参与共享制造企业信誉、信用上的差异。

求差异；产业创新发展所处阶段不同而形成时间上的差异；产业创新发展中
信道建设、信道宽度形成的信息获取上的差异；企业间的产能与产品创新要
求间的差异；以及企业在共享发展中信誉信用上的差异。因此，积极应用区
块链等技术，共建共享产业数据库，实现创新中"不可伪造""全程留痕"
"可以追溯""公开透明""集体维护"等坚实的"共享信任"基础，培育具
有可持续发展活力的共享创新小生境，构建可靠的"合作"共享机制，形成
具有中国特色的产业共享创新发展新生态。

参考文献

［1］《论语·为政》。

［2］《论语·颜渊》。

［3］《道德经》第三十二章。

［4］《孟子·离娄下》第二十八章。

［5］鲍世赟，蔡瑞林．智能制造共享及其用户体验：沈阳机床的例证［J］．工业工程与管理，2017，22（3）：77－82.

［6］卞谦，邓祝仁．技术创新与制度创新在旅游行业的应用——关于桂林市旅游产业发展的个案研究［J］．社会科学家，2000（1）：27－32.

［7］蔡瑞林，陈万明，陈圻．低成本创新驱动制造业高端化的路径研究［J］．科学学研究，2014，32（2）：384－391.

［8］蔡瑞林，戴克清．协同创新网络下产品语义设计对产品开发绩效的影响［J］．企业经济，2019，38（11）：106－112.

［9］曹树金，王志红．虚拟社区知识共享意愿与行为的影响因素及其调节变量：元分析研究［J］．图书情报工作，2018，62（8）：74－83.

［10］查成伟，陈万明，唐朝永，等．智力资本、失败学习与低成本创新间关系的实证研究［J］．技术经济，2015，34（2）：35－43.

［11］常雅楠，王松江．激励视角下的 PPP 项目利益分配：以亚投行支撑中国企业投资 GMS 国家基础设施项目为例［J］．管理评论，2018，30（11）：257－265.

［12］陈万明，鲍世赟．开放式创新视野的智能制造企业知识共享研究［J］．改革，2018（10）：102－110.

［13］陈万明，戴克清，王磊．旅游产业创新绩效影响因素研究——基于共享经济视角［J］．软科学，2018，32（5）：24－27，36.

［14］戴克清，蔡瑞林．共享式服务创新：制造业企业服务化转型突破

路径研究 [J]. 科技进步与对策, 2021, 38 (11): 70 –77.

[15] 戴克清, 陈万明, 蔡瑞林. 服务型制造企业共享模式创新实现机理——基于服务主导逻辑的扎根分析 [J]. 工业工程与管理, 2019, 24 (3): 75 –81, 124 –129, 138.

[16] 戴克清, 陈万明, 李小涛. 共享经济研究脉络及其发展趋势 [J]. 经济学动态, 2017 (11): 126 –140.

[17] 戴克清, 陈万明, 邱雪. 虚拟社区旅游体验分享行为的影响因素研究——基于 TAM 模型改进的 PLS-SEM 测度 [J]. 数学的实践与认识, 2020, 50 (6): 53 –61.

[18] 戴克清, 陈万明, 王圣元. 共享经济驱动传统产业创新升级路径研究: 多层次视角分析框架 [J]. 科技进步与对策, 2018, 35 (14): 50 –55.

[19] 戴克清, 陈万明. 共享式服务创新的逻辑、形式与价值——制造业服务化转型视角 [J]. 软科学, 2020, 34 (9): 30 –36.

[20] 戴克清, 陈万明. 增强现实型科技旅游产品开发的条件模型及评价——以故宫博物院为例 [J]. 贵州社会科学, 2019 (7): 142 –149.

[21] 戴克清, 苏振, 黄润. "互联网 +" 驱动中国旅游产业创新的效率研究 [J]. 华东经济管理, 2019, 33 (7): 87 –93.

[22] 戴克清. 制造业服务化演进动态: 从曲线到模块的策略选择 [J]. 中国科技论坛, 2021 (3): 84 –92.

[23] 戴克清. 共享式服务创新的基因遗传、表达与成长——基于制造业纵向案例的扎根分析 [J]. 管理评论, 2020, 32 (10): 324 –336.

[24] 狄蓉, 徐明. 服务主导逻辑下服务创新价值共创机理及对策研究 [J]. 科技进步与对策, 2015, 32 (7): 33 –38.

[25] 丁雨莲, 赵媛. 旅游产业融合的动因、路径与主体探析——以深圳华强集团融合发展旅游主题公园为例 [J]. 人文地理, 2013 (4): 126 –131.

[26] 樊友猛, 谢彦君. "体验" 的内涵与旅游体验属性新探 [J]. 旅游学刊, 2017, 11 (32): 16 –25.

[27] 冯严超, 王晓红. 智力资本、生态环境与区域竞争力——基于 PLS-SEM 和 PLS-DA 的实证分析 [J]. 科技管理研究, 2018 (15): 93 –98.

[28] 付丽丽, 吕本富, 吴盈廷, 等. 关系型虚拟社区的社会网络特征

研究 [J]. 数学的实践与认识，2009，39（2）：119 - 129.

[29] 顾雷雷，欧阳文静. 慈善捐赠、营销能力和企业绩效 [J]. 南开管理评论，2017，20（2）：94 - 107.

[30] 国家信息中心. 中国共享经济发展年度报告（2019）[R]. 2019.

[31] 何哲，孙林岩，朱春燕. 服务型制造的概念、问题和前瞻 [J]. 科学学研究，2010，28（1）：53 - 60.

[32] 胡查平，汪涛，王辉. 制造业企业服务化绩效——战略一致性和社会技术能力的调节效应研究 [J]. 科学学研究，2014，32（1）：84 - 91.

[33] 黄江明，李亮，王伟. 案例研究：从好的故事到好的理论——中国企业管理案例与理论构建研究论坛（2010）综述 [J]. 管理世界，2011（2）：118 - 126.

[34] 建强. 服务型制造企业服务衍生的存在性研究 [J]. 科学学与科学技术管理，2015，36（12）：119 - 127.

[35] 姜铸，李宁. 服务创新、制造业服务化对企业绩效的影响 [J]. 科研管理，2015，36（5）：29 - 37.

[36] 揭筱纹，涂发亮. 企业基因：企业动态战略能力的基石 [J]. 武汉理工大学学报（社会科学版），2011，24（2）：222 - 226.

[37] 杰里米·里夫金. 第三次工业革命 [M]. 北京：中信出版社，2012：1 - 26.

[38] 康遥，陈菊红，同世隆，姚树俊. 服务化战略与服务绩效——价值共创调节效应 [J]. 软科学，2016，30（3）：103 - 107.

[39] 克劳斯·施瓦布. 第四次工业革命 [M]. 北京：中信出版社，2016：6 - 15.

[40] 肯尼斯·阿罗. 信息经济学 [M]. 北京：北京经济学院出版社，1989.

[41] 李勃昕，惠宁，周新生. 企业创新陷阱的衍生逻辑及有效规避 [J]. 科技进步与对策，2013（20）：63 - 66.

[42] 李海舰，李文杰，李然. 新时代中国企业管理创新研究——以海尔制管理模式为例 [J]. 经济管理，2018，40（7）：5 - 19.

[43] 李海舰，李燕. 对经济新形态的认识：微观经济的视角 [J]. 中国

工业经济, 2020, 12 (1): 159 – 177.

[44] 李海舰, 周霄雪. 产品十化: 重构企业竞争新优势 [J]. 经济管理, 2017, 39 (10): 33 – 43.

[45] 李靖华, 林莉, 李倩岚. 制造业服务化商业模式创新: 基于资源基础观 [J]. 科研管理, 2019, 40 (3): 74 – 83.

[46] 李晓华. 数字经济新特征与数字经济新动能的形成机制 [J]. 改革, 2019 (11): 40 – 51.

[47] 李震, 沈坤荣. 降低我国制造业企业综合成本的政策取向研究——基于供给侧结构性改革的视角分析 [J]. 现代管理科学, 2017 (8): 12 – 14.

[48] 梁晓蓓, 江江. 共享经济模式下消费者持续共享认同影响因素研究 [J]. 软科学, 2018, 32 (9): 103 – 107.

[49] 刘蕾, 鄢章华. 共享经济——从"去中介化"到"再中介化"的被动创新 [J]. 科技进步与对策, 2017, 34 (7): 14 – 20.

[50] 刘林青, 雷昊, 谭力文. 从商品主导逻辑到服务主导逻辑——以苹果公司为例 [J]. 中国工业经济, 2010 (9): 57 – 66.

[51] 刘文进, 江志斌, 李娜. 服务型制造理论研究综述 [J]. 工业工程与管理, 2009, 14 (6): 1 – 6.

[52] 吕继兵. 分享经济视野的国有企业改革 [J]. 改革, 2018 (6): 97 – 105.

[53] 马克思, 恩格斯. 共产党宣言 [M]. 北京: 人民出版社, 2009: 36.

[54] 马克思. 机器. 自然力和科学的应用 [M]. 北京: 人民出版社, 1978: 20.

[55] 马克思. 资本论 (第一卷) [M]. 北京: 人民出版社, 2004: 495 – 496, 501.

[56] 马歇尔. 经济学原理 [M]. 北京: 人民出版社, 1995.

[57] 明新国, 余锋, 王鹏鹏. 服务型制造业体系构建与案例分析: 创造持续性收益的蓝海 [M]. 上海: 上海交通大学出版社, 2011.

[58] 宁连举, 刘茜, 夏文. 基于三元交互决定理论的虚拟社区凝聚力和集体效能的影响机理研究 (英文) [J]. 中国通信, 2014 (12): 146 – 155.

[59] 彭本红, 武柏宇. 制造业企业开放式服务创新生成机理研究——基于探索性案例分析 [J]. 研究与发展管理, 2016, 28 (6): 114 – 125.

[60] 阮晓东. 共享经济时代来临 [J]. 新经济导刊, 2015 (4): 54 – 59.

[61] 邵剑兵, 刘力钢, 杨宏戟. 基于企业基因遗传理论的互联网企业非市场战略选择及演变——阿里巴巴社会责任行为的案例分析 [J]. 管理世界, 2016 (12): 159 – 171.

[62] 邵帅, 范美婷, 杨莉莉. 资源产业依赖如何影响经济发展效率?——有条件资源诅咒假说的检验及解释 [J]. 管理世界, 2013 (2): 32 – 63.

[63] 邵帅, 陈逢文, 冯媛. 新创企业社会网络、风险承担与企业绩效——环境不确定性的调节作用 [J]. 研究与发展管理, 2019, 31 (2): 20 – 33.

[64] 沈琼, 王少朋. 技术创新、制度创新与中部地区产业转型升级效率分析 [J]. 中国软科学, 2019 (4): 176 – 183.

[65] 史欣向, 陆正华. 基于中间产出、最终产出效率视角的企业研发效率研究——以广东省民营科技企业为例 [J]. 中国科技论坛, 2010 (7): 77 – 83.

[66] 史竹琴, 蔡瑞林, 朱先奇. 智能生产共享商业模式创新研究 [J]. 中国软科学, 2017 (6): 130 – 139.

[67] 史竹琴, 苏妮娜. 创新网络、失败学习与低成本创新关系研究——理论模型与实证 [J]. 经济问题, 2018 (4): 97 – 103.

[68] 孙彪. 基于资源依赖观的合作双元能力对联盟创新绩效的影响研究 [J]. 管理评论, 2017, 29 (11): 98 – 105.

[69] 孙冰, 徐晓菲, 姚洪涛. 基于 MLP 框架的创新生态系统演化研究 [J]. 科学学研究, 2016, 34 (8): 1244 – 1254.

[70] 谭清美, 房银海, 王斌. 智能生产与服务网络条件下产业创新平台存在形式研究 [J]. 科技进步与对策, 2015, 32 (23): 62 – 66.

[71] 谭清美, 王磊. "智能生产与服务网络" 的安全界壳体系设计 [J]. 系统工程理论与实践, 2018, 38 (1): 79 – 92.

[72] 汪寿阳, 敖敬宁, 乔晗, 等. 基于知识管理的商业模式冰山理论

[J]. 管理评论, 2015, 27 (6): 3 –10.

[73] 汪涛, 蔺雷. 服务创新研究: 二十年回顾与展望 [J]. 软科学, 2010, 24 (5): 17 –20.

[74] 王发明, 朱美娟. 创新生态系统价值共创行为协调机制研究 [J]. 科研管理, 2019, 40 (5): 71 –79.

[75] 王建玲, 李玥, 吴璇. 企业社会责任与风险承担: 基于资源依赖理论视角 [J]. 预测, 2019, 38 (3): 45 –51.

[76] 王磊, 谭清美, 王斌. 传统产业高端化机制研究——基于智能生产与服务网络体系 [J]. 软科学, 2016, 30 (11): 1 –4.

[77] 王磊, 谭清美. 复杂系统网络界壳套设计研究——以 "智能生产与服务网络体系" 为例 [J]. 软科学, 2018, 32 (4): 135 –139.

[78] 王丽娟. 基于基因表达视角的企业文化 [J]. 经济管理, 2009 (5): 103 –108.

[79] 王圣元, 陈万明, 赵彤. 零工经济——新经济时代的灵活就业生态系统 [M]. 南京: 东南大学出版社, 2018: 39 –46.

[80] 王圣元, 戴孝悌. 创新生态系统: 理论与实践研究 [M]. 南京: 东南大学出版社, 2017.

[81] 王圣元. 管理研究生态学模型与方法 [M]. 武汉: 武汉大学出版社, 2021.

[82] 王圣元. 南京构建全国一流创新生态系统对策研究 [M]. 南京: 东南大学出版社, 2020.

[83] 王圣元. 区域创新生态系统运行机理与优化研究 [M]. 武汉: 武汉大学出版, 2019.

[84] 王伟. 基于企业基因重组理论的价值网络构建研究 [J]. 中国工业经济, 2005 (2): 58 –65.

[85] 王晓蓉, 彭丽芳, 李歆宇. 社会化媒体中分享旅游体验的行为研究 [J]. 管理评论, 2017, 29 (2): 97 –105.

[86] 王玉荣, 杨震宁. 我国制造业的创新环境及其动力: 475 个企业样本 [J]. 改革, 2010 (1): 45 –54.

[87] 王宗水, 秦续忠, 赵红, 等. 制造业服务化与商业模式创新策略选

择 [J]. 科学学研究, 2018, 36 (7): 1188 - 1195.

[88] 吴俊, 唐代剑. 旅游体验研究的新视角: 具身理论 [J]. 旅游学刊, 2018, 33 (1): 118 - 125.

[89] 吴延兵. R&D 与生产率: 基于中国制造业的实证研究 [J]. 经济研究. 2006, 6 (4): 60 - 71.

[90] 夏后学, 谭清美, 王斌. 装备制造业高端化的新型产业创新平台研究—智能生产与服务网络视角 [J]. 科研管理, 2017, 38 (12): 1 - 10.

[91] 向国成, 钟世虎, 谌亭颖, 等. 分享经济的微观机理研究: 新兴古典与新古典 [J]. 管理世界, 2017 (8): 170 - 172.

[92] 向坤, 杨庆育. 共享制造的驱动要素、制约因素和推动策略研究 [J]. 宏观经济研究, 2020 (11): 65 - 75.

[93] 肖挺, 刘华, 叶芃. 制造业企业服务创新的影响因素研究 [J]. 管理学报, 2014, 11 (4): 591 - 598.

[94] 肖挺. 制造企业服务化商业模式与产品创新投入的协同效应检验——"服务化悖论"的一种解释 [J]. 管理评论, 2019, 31 (7): 274 - 285.

[95] 谢桂生, 朱绍涛. 基于 logistic 模型的组织种群共生演化稳定性 [J]. 北京工业大学学报, 2016 (2): 315 - 320.

[96] 熊彼得. 经济发展理论 [M]. 北京: 华夏出版社, 2015.

[97] 熊彼特. 经济发展理论 [M]. 北京: 商务印书馆, 1990: 106, 107.

[98] 熊彼特. 资本主义、社会主义与民主 [M]. 北京: 商务印书馆, 1979: 149, 211.

[99] 徐岸峰. 旅游产业科技创新及科技管理策略研究 [J]. 科技管理研究, 2010 (20): 33 - 35.

[100] 许晖, 张海军. 产品—服务离散性与动态匹配视角下的制造业企业服务创新能力构建机制研究 [J]. 管理学报, 2015, 12 (3): 380.

[101] 许庆瑞, 吕飞. 服务创新初探 [J]. 科学学与科学技术管理, 2003 (3): 34 - 37.

[102] 阳双梅, 孙锐. 论技术创新与商业模式创新的关系 [J]. 科学学研究, 2013 (10): 1572 - 1580.

[103] 杨杜. 论企业创新的五大陷阱 [J]. 经济理论与经济管理，2007 (2)：65 – 67.

[104] 杨建君，郭文钰，章良华. 管理者关系、合作模式与技术创新方式的关系研究 [J]. 科学学与科学技术管理，2018，39 (3)：122 – 134.

[105] 杨学成，涂科. 出行共享中的用户价值共创机理——基于优步的案例研究 [J]. 管理世界，2017 (8)：154 – 169.

[106] 杨学成，涂科. 共享经济背景下的动态价值共创研究——以出行平台为例 [J]. 管理评论，2016，28 (12)：258 – 268.

[107] 杨彦锋. 互联网技术成为旅游产业融合和新业态的主要驱动因素 [J]. 旅游学刊，2012，27 (9)：7 – 8.

[108] 杨永德，戴克清，王磊. 区域旅游业轴—面评价模型构建及实证研究 [J]. 商业经济研究，2015 (5)：138 – 140.

[109] 杨志江. 区域创新绩效评价方法及其应用研究 [D]. 桂林：广西师范大学，2007.

[110] 俞春阳. 共享制造模式下的计划体系研究 [D]. 杭州：浙江大学，2016.

[111] 袁亮，吴佩勋. 基于结构方程模型的线上展示、感知风险与购买意愿 [J]. 统计与决策，2017 (12)：183 – 186.

[112] 张红兵，张乐. 学术虚拟社区知识贡献意愿影响因素的实证研究——KCM 和 TAM 视角 [J]. 软科学，2017，31 (8)：19 – 24.

[113] 张明志，姚鹏. 产业政策与制造业高质量发展 [J]. 科学学研究，2020，38 (8)：1381 – 1389.

[114] 张新香. 商业模式创新驱动技术创新的实现机理研究——基于软件业的多案例扎根分析 [J]. 科学学研究，2015 (4)：616 – 626.

[115] 张琰飞，朱海英. 中部地区"两型"技术创新目标要素协同发展的实证研究 [J]. 软科学，2013，27 (10)：101 – 106.

[116] 张玉明，朱昌松. 企业基因理论研究述评 [J]. 东北大学学报（社会科学版），2012，14 (6)：494 – 499，505.

[117] 张玉明. 共享经济学 [M]. 北京：科学出版社，2017.

[118] 赵立龙，魏江. 制造企业服务创新战略与技术能力的匹配——华

为案例研究 [J]. 科研管理, 2015, 36 (5): 118-126.

[119] 赵武, 王珂, 秦鸿鑫. 开放式服务创新动态演进及协同机制研究 [J]. 科学学研究, 2016, 34 (8): 1232-1243.

[120] 赵宇翔, 朱庆华. 博客接受模型: 影响用户接受和更新博客的实证研究 [J]. 情报理论与实践, 2009, 32 (4): 44-50.

[121] 赵越岷, 李梦俊, 陈华平. 虚拟社区中消费者信息共享行为影响因素的实证研究 [J]. 管理学报, 2010, 7 (10): 1490-1501.

[122] 智冬晓. 指标相关性对 DEA 评价效用的影响 [J]. 统计教育. 2009, 6 (117): 40-44.

[123] 周波, 周玲强, 吴茂英. 智慧旅游背景下增强现实对游客旅游意向影响研究——一个基于 TAM 的改进模型 [J]. 商业经济与管理, 2017, 2 (2): 71-79.

[124] 朱雪春, 陈万明. 知识治理、失败学习与低成本利用式创新和低成本探索式创新 [J]. 科学学与科学技术管理, 2014, 35 (2): 78-86.

[125] 朱永跃, 马志强, 唐青, 刘兵. 国内外制造业服务化研究述评——基于文献计量分析 [J]. 预测, 2013, 32 (5): 75-80.

[126] 左文明, 陈华琼. 分享经济模式下基于 TRIZ 理论的服务创新 [J]. 南开管理评论, 2017, 20 (5): 175-184.

[127] Adner R. The wide lens: a new strategy for innovation [M]. London: Penguin, 2012.

[128] Albinssn P A, Perera B Y. Alternative marketplaces in the 21st century: Building community through sharing events [J]. Journal of Consumer Behavior, 2012, 11 (2): 303-315.

[129] Albinsson P A. & Perer B Y. Alternative marketplaces in the 21st century: Building community through sharing events [J]. Journal of Consumer Behaviour, 2012, 11 (4): 303-315.

[130] Amit R, Schoemaker P. Managing assets and skills: A key to sustainable competitive advantage [J]. Strategic Management Journal, 1993, 31 (1): 91-106.

[131] Amit R. Zott C. Crafting business architecture: the antecedents of

business model design [J]. Strategic Entrepreneurship Journal, 2015, 9 (4): 331 – 350.

[132] Ayala N F, Paslauski C A, Ghezzi A, Frank A G. Knowledge sharing dynamics in service suppliers' involvement for servitization of manufacturing companies [J]. International Journal of Production Economics, 2017 (193): 538 – 553.

[133] Baines T, et al. Servitization: Revisiting the State-of-the-art and Research Priorities [J]. International Journal of Operations & Production Manageme, 2017, 37 (2): 256 – 278.

[134] Banines T S. et al, State-of-the-art in product service-systems [J]. Proceedings of the Institution of Mechanical Engineers, Part B: Journal of Engineering Manufature, 2007 (221): 1543 – 1553.

[135] Banning M E. Shared entanglements—Web 2.0, info-liberalism & digital sharing [J]. Information Communication & Society, 2016, 19 (4): 489 – 503.

[136] Bardhi F, Giana M. Access-Based Consumption: The Case of Car Sharing [J]. Journal of Consumer Research, 2012, 39 (4): 881 – 898.

[137] Barney J. Firm resource and sustained competitive advantage [J]. Journal of Management, 1991, 17 (1): 99 – 120.

[138] Barras R. Towards a Theory of Innovationin Services [J]. Research Policy, 1986 (15): 161 – 173.

[139] Barta K & Neff G. Technologies for sharing: Lessons from quantified self about the political economy of platforms [J]. Information Communication and Society 2016, 19 (4): 518 – 531.

[140] Baskin K. Corporate DNA: Organizational Learning, Corporate Co-evolution [J]. Emergence, 2000, 2 (1): 34 – 49.

[141] Belk R. sharing [J]. Journal of Consumer Research, 2010, 36 (2): 715 – 734.

[142] Belk R. You are what you can access: Sharing and collaborative consumption online [J]. Journal of Business Research, 2014, 67 (8), 1595 – 1600.

[143] Belk R. Why not share rather than own? [J]. Annals of the American Academy of Political and Social Science, 2007, 611 (1): 126 – 140.

[144] Botsman R & Rogers R. What's Mine is Yours: The Rise of Collaborative Consumption [M]. New York: Harper Collins, 2010.

[145] Carson S J, Madhok A, Wu T. Uncertainty, opportunism, and governance: the effects of volatility and ambiguity on formal and relational contracting [J]. Academy of Management Journal, 2006, 49 (5): 1058 – 1077.

[146] Cheng M. Current Sharing Economy Media Discourse in Tourism [J]. Annals of Tourism Research, 2016 (60): 111 – 114.

[147] Chesbrough H W, Rosenbloom R S. The role of the business model in capturing value fom innovation: evidence from Xerox Corporation's technology Spin-off companie [J]. Industrial and corporate change, 2002, 11 (3): 533 – 534.

[148] Chesbrough H W. Open service innovation [M]. Sanfrancisco, CA: Jossey-Bass, 2011: 3 – 52.

[149] Chesbrough H. Open innovation: the new imperative for creating and profiting from technology [M]. Boston: Harvard Business School Press, 2003.

[150] Chris J, Martin. The sharing economy A pathway to sustainability or a nightmarish form of neoliberal capitalism [J]. Ecological Economics, 2016 (121): 149 – 159.

[151] Cusumano M A. How traditional firms must compete in the sharing economy [J]. Communications of the ACM, 2015, 58 (1): 32 – 34.

[152] Cusumano M A. The Sharing Economy Meets Reality [J]. Communications of The ACM, 2018, 61 (1): 26 – 28.

[153] Dara O'Rourkel and Niklas Lollo. Transforming Consumption: From Decoupling, to Behavior Change, to System Changes for Sustainable Consumption [J]. Annual Review of Environment and Resources, 2015 (40): 233 – 259.

[154] Daunoriene A, Drakšait·e A. and Snieška, V.. Evaluating Sustainability of Sharing Economy Trade Market Business Mod-els [J]. Procedia-Social and Behavioral Sciences, 2015, 21 (3): 836 – 841.

[155] Davis F D. Perceived Usefulness, Perceived Ease of Use, and User

Acceptance of Information Technology [J]. Management Information Systems Quarterly, 1989, 13 (3): 319 - 339.

[156] DK Cool. Asset Stock Accumulation and the Sustainability of Competitive Advantage: Reply [J]. Asset Stock Accumulation and Sustainability of Competitive Advantage, Management Science, 1989, 15 (4), 11 - 15.

[157] E T Penrose. Contributions to the Resource-based View of Strategic Management [J]. Journal of Management Studies. 1959, 41 (1): 183 - 191.

[158] Felson M, Spaeth J L. Community Structure and Collaborative Consumption: A Routine Activity Approach [J]. American Behavioral Scientist, 1978, 21 (4): 23, 614 - 624.

[159] Fuglsang L. Bricolage and InvisibleInovation in Public Service Innovation [J]. Journal of Innovation Economics, 2010, 1 (5): 67 - 87.

[160] Galunic & Rodan. A Co-creation Centre for university-industry collaboration-a framework for concept development [J]. Procedia Economics and Finance, 1998, 21 (2015): 137 - 145.

[161] Geron T. Airbnb and the unstoppable rise of the share economy [J]. Forbes. 2013 (1): 195 - 200.

[162] Gough I. Recomposing consumption: Defining necessities for sustainable and equitable well-being [J]. Philosophical Transactions of the Royal Society A: Mathematical, Physical and Engineering Sciences, 2017, 375 (2095): 1 - 18.

[163] Gummesson E, Mele C. Marketing as Value Co-creation Through Network Interaction and Resource Integration [J]. Journal of Business Market Management, 2010, 4 (4): 181 - 198.

[164] Guttentag D. Airbnb: Destructive innovation and the rise of an informal tourism accommodation section in Tourism [J]. Current Issues in Tourism, 2013 (3): 1 - 26 (ahead-of-print).

[165] Hagiu J. Wright. Multi-sided platforms [J]. International Journal of Industrial Organization, 2015 (43): 162 - 174.

[166] Heinrichs H. Sharing economy: A potential new pathway to sustainability [J]. Ecological Perspectives for Science and Society, 2013, 22 (4):

228 – 232.

［167］Helfat C E, Peteraf M A. Managerial cognitive capabilities and the microfoundations of dynamic capabilities ［J］. Strategic Management Journal, 2015, 36 (6): 831 – 850.

［168］Hellwing K, et al. Exploring different types of sharing: A proposed segmentation of the market for 'sharing' businesses ［J］. Psychology & Marketing, 2015, 32 (9): 891 – 906.

［169］Heo C Y. Sharing economy and prospects in tourism research ［J］. Annals of Tourism Research, 2016, 58 (2): 166 – 170.

［170］Jacobides M G, Cennamo C, Gawer A. Towards a Theory of Ecosystems ［J］. Strategic Management Jouranl, 2018, 39 (8): 2255 – 2276.

［171］Jagtap S, Johnson A. Requirements and use of in-service information in an engineering redesign task: case studies from the aerospace industry ［J］. Journal of the American Society for Information Science and Technology, 2010, 61 (12): 2442 – 2460.

［172］Jay B. Barney and Mark H. Hansen. Special Issue: Competitive Organizational Behavior Trustworthiness as a Source of Competitive Advantage ［J］. Strategic Management Journal, 1994: 175 – 190.

［173］JG Molz, et al. Disruptive Tourism and its Untidy Guests: Alternative Ontologies for Future Hospitalities ［M］. Palgrave Macmillan UK, 2014.

［174］Jiang P and Li P. Shared factory: A new production node for social manufacturing in the context of sharing economy ［J］. Journal of Engineering Manufacture, 2019 (234): 1 – 2.

［175］Kathan W, Matzler K, Veider V. The sharing economy: Your business model's friend or foe? ［J］. Business Horizons, 2016, 6 (2): 715 – 734.

［176］Kathan W, Matzler K, Veider V. The sharing economy: Your business model's friend or foe? ［J］. Business Horizons, 2016, 59 (6): 663 – 672.

［177］Kim J Y J, Miner A S. Vicarious Learning from the Failures and Near-Failures of Others: Evidence from the US Commercial Banking Industry ［J］. Academy of Management Journal, 2007, 50 (3): 687 – 714.

[178] Klopp G. The Analysis of The Efficiency of Production System With Multiple Inputs and Outputs [D]. Chicago: Chicago University of Illinois, 1985, 3 (1): 233 – 240.

[179] Koh J, Kim Y G. Knowledge sharing in virtual communities: an e-business perspective [J]. Expert Systems with Applications, 2004, 26 (2): 155 – 166.

[180] Kowalkowski C et al. Servitization and deservitization: Overview, concepts, and definitions [J]. Industrial Marketing Management, 2017 (60): 4 – 10.

[181] Laursen K, Salter A. Open for Innovation: the role of openness in explaining Innovation performance among U. K. manufacturing firms [J]. Strategic Management Journal, 2006, 27 (2): 131 – 150.

[182] Lenka S, Parida V, Sjodin D R, Wincent J. Towards a multi-level servitization framework [J]. International Journal of Operations & Production Management 2018, 38 (3): 810 – 27.

[183] Li D, et al. Sharing economy-based service triads: Towards an integrated framework and a research agenda [J]. Journal of Cleaner Production, 2019, 2 (19): 1 – 43.

[184] Llamas T U. Thomsen. The luxury of igniting change by giving: Transforming yourself while transforming others' lives [J]. Journal of Business Research, 2015, 69 (1): 166 – 176.

[185] Lumineau F, Henderson J. The influence of relational experence and contractual governance on the negotiation strategy in buyer – supplier disputes [J]. Journal of Operations Management, 2012, 30 (5): 382 – 395.

[186] Lundy L. Blockchain and the Sharing Economy 2. 0 [M]. IBM Developer Works.

[187] Malerba F. and Mani S. Sectoral Systems of Innovation and Production in Developing Countries [M]. UK: Edward Elgar Publishing Limited, 2009 (6): 6 – 11.

[188] Markard J, Raven R, Truffer B. Sustainability transitions: an emer-

ging field of research and its prospects [J]. Res. Policy, 2012, 41 (6): 955 –
967.

[189] Martin C J, et al. Commercial orientation in grassroots social innova-
tion: Insights from the sharing economy [J]. Ecological Economics, 2015 (118):
240 – 251.

[190] Martin C J. The sharing economy A pathway to sustainability or a
nightmarish form of neoliberal capitalism [J]. Ecological Economics, 2016
(121): 149 – 159.

[191] Meng-Hsiang Hsu, Teresa L Ju, Chia-Hui Yen. Knowledge Sharing
Behavior in Virtual Communities: The Relationship between Trust, Self-efficacy,
and Outcome Expectations [J]. Human-Computer studies, 2007 (65): 153 – 169.

[192] Mohlmann M. Collaborative consumption: Determinants of satisfaction
and the likelihood of using a sharing economy option again [J]. Journal of Consum-
er Behavior, 2015, 14 (3): 193 – 207, 225 – 230.

[193] Moore J. Predator and prey: a new ecology of competition [J]. Har-
vard Business Review, 1993, 71 (3): 75 – 86.

[194] Morgan B & Kuch D. Radical transactionalism: Legal consciousness,
diverse economies, and the sharing economy null [J]. Journal of Law and Society,
2015, 42 (4): 556 – 587.

[195] Neely A. Exploring the financial consequences of the servitization of
manufacturing [J]. Operations Management Research, 2008, 1 (2): 103 – 118.

[196] Nigel Berkeley, et al. Assessing the transition towards Battery Electric
Vehicles: A Multi-Level Perspective on drivers of, and barriers to, take up [J].
Transportation Research Part A: Policy and Practice, 2017 (106): 320 – 332.

[197] Olva R, Kallenberg R. Managing the transition from products to serv-
ices [J]. International Journal of Service Industry Management, 2003, 14 (2):
160 – 172.

[198] Ozanne L K & Ozanne J K. How alternative consumer markets can
build community resiliency [J]. European Journal of Marketing, 2016, 50
(3/4): 330 – 357.

[199] Ozanne L K, Ballantine P W. Sharing as a form of anti-consumption? An examination of toy library users [J]. Journal of Consumer Behavior, 2010, 9 (11): 485 – 498.

[200] Parida, et al. Mastering the Transition to Product – Service Provision: Insights into Business Models, Learning Activities, and Capabilities [J]. Research Technology Management, 2014, 57 (3): 44 –52.

[201] Paul Schoemaker. Strategy, Complexity, and Economic Rent [J]. Management Science, 1990, 36 (10): 1178 – 1192.

[202] Pazaitis A. Blockchain and value systems in the sharing economy: The illustrative case of backfeed [J]. Technological Forecasting & Social Change, 2016, 125 (7): 105 – 115.

[203] Ramanathan K, Seth A, Thomas H. Explaining joint ventures: Alternative theoretical perspectives in cooperative strategies: North American perspectives [M]. New Lexington Press, 1997.

[204] Rheingold H. The virtual community: Homesteading on the electronic frontier [M]. MIT press, 1993.

[205] Robert M. Grant. Prospering in Dynamically-Competitive Environments: Organizational Capability as Knowledge Integration [J]. Organization Science, INFORMS, 1996, 7 (4): 375 – 387.

[206] Romm C, Clarke R J. Virtual community research themes: a preliminary draft for a comprehensive model [C] //6th Australasian Conference On Information Systems, 1995 (1): 26 – 29.

[207] Rymaszewska A, Helo P. and Gunasekaran A. IoT powered servitization of manufacturing-an exploratory case study [J]. International Journal of Production Economics, 2017, 2 (16): 92 – 105.

[208] Salonen A, Jaakkola E. Firm boundary decisions in solution business: examining internal vs. External resource integration [J]. Industrial Marketing Management, 2015, 51 (5): 171 – 183.

[209] Schor J B, et al. Paradoxes of openness and distinction in the sharing economy [J]. Poetics, 2016, 54 (7): 66 – 81.

[210] Senyard J, Baker T, Steffens P, et al. Bricolage as a Path to Innovativeness for Resource Constrained New Firms [J]. Journal of Product Innovation Management, 2014, 31 (2): 311 – 230.

[211] Sharma P K & Park J H. Blockchain based hybrid network architecture for the smart city [J]. Future Generation Computer Systems, 2018, 5 (2): 1 – 6.

[212] Shobeiri S, Mazaheri E, Laroche M. Improving customer website involvement through experiential marketing [J]. Service Industries Journal, 2014, 34 (11): 885 – 900.

[213] Siggelkow N. Persuasion with Case Studies [J]. Academy of Management Journal, 2007, 50 (1): 20 – 24.

[214] Smith A, Vob J P, Grin J. Innovation studies and sustainability transitions: the allure of the multi-level perspective and its challenges [J]. Res. Policy, 2010, 39 (4): 435 – 448.

[215] Stephen R. Miller. First Principles For Regulating The Sharing Economy [J]. Harvard Journal on Legislation, 2016, 53 (1), 147 – 202.

[216] Strauss A L. Qualitative Analysis for Social Scientists [M]. Cambridge: Cambridge Univ. Press, 1987.

[217] Strauss A, Corbin J. Grounded Theory in Practice [M]. Thousand Oaks, CA: Sage, 1997.

[218] Sven-Volker Rehm, Lakshmi Goel, Iris Junglas. Using Information Systems in Innovation Networks: Uncovering Network Resources [J]. Journal of The Association for Information Systems, 2017, 18 (8): 577 – 604.

[219] Teece D J. Explicating dynamic capabilities: the nature and microfoundations of (sustainable) enterprise performance [J]. Strategic management journal, 2007, 28 (13): 1319 – 1350.

[220] Thebault-spieker J, Terveen L, Hecht B. Toward a Geographic Understanding of the Sharing Economy: Systemic Biases in UberX and TaskRabbit [J]. ACM Transactions on Computer-Human Interaction, 2017, 24 (21): 1 – 40.

[221] Tichy N M, Sherman S. Control Your Destiny or Someone Else Will [M]. New York Harper Business, 1993.

［222］ Tone K. Network DEA: A slacks-based measure approach ［J］. European Journal of Operational Research, 2009, 197 (1): 243 –252.

［223］ Tukker A. Eight Types of Product Service System: Eight Ways to Sustainability? Experiences from SusProNet ［J］. Business Strategy & The Environment, 2004, 14 (4): 246 –260.

［224］ Tussyadiah I P. Factors of satisfaction and intention to use peer-to-peer accommodation ［J］. International Journal of Hospitality Management, 2016 (55): 70 –80.

［225］ Valtakoski A, Järvi K. Productization of knowledge-intensive services ［J］. Journal of Service Management, 2016, 27 (3): 360 –390.

［226］ Vandermerwe S, Rada J. Servitization of Business: Adding Value by Adding Services ［J］. European Management Journal, 1988, 6 (4): 314 –324.

［227］ Vandermerwe S. and Rada J. Servitization of Business: Adding Value by Adding Services ［J］. European Management Journal, 1988, 6 (4): 314 –324.

［228］ Vargo, Stephen L, Lusch, Robert F. Evolving to a New Dominant Logic for Marketing ［J］. Journal of Marketing, 2004, 68 (1): 1 –17.

［229］ Vezzoli C, et al. New design challenges to widely implement 'sustainable product-service systems ［J］. Journal of Cleaner Production, 2015 (97): 1 –12.

［230］ Wareham J, Fox P B, Cano Giner J L. Technology ecosystem governance ［J］. Organization Science, 2014 (4): 1195 –1215.

［231］ Weber T A. Product pricing in a peer-to-peer economy ［J］. Journal of Management Information Systems, 2016, 33 (2): 573 –596.

［232］ Weber T A. The question of ownership in a sharing economy ［J］. Proceedings of the 48th Annual Hawaii International Conference on System Sciences (HICSS), IEEE Computer Society, 2015: 4874 –4883.

［233］ Wernerfelt B. A resource-based view of the firm ［J］. Strategic Management Journal, 1984, 5 (2): 171 –180.

［234］ Yin R K. Case Study Research: Design and Methods ［M］. Sage Publications, 2003.

本书前期研究参考文献

第一作者论文：

[1] 戴克清，陈万明，李小涛. 共享经济研究脉络及其发展趋势 [J]. 经济学动态，2017 (11)：126 – 140.

[2] 戴克清，陈万明，王圣元. 共享经济驱动传统产业创新升级路径研究：多层次视角分析框架 [J]. 科技进步与对策，2018，35 (14)：50 – 55.

[3] 戴克清，陈万明，蔡瑞林. 服务型制造企业共享模式创新实现机理——基于服务主导逻辑的扎根分析 [J]. 工业工程与管理，2019，24 (3)：124 – 129，138.

[4] 戴克清，陈万明. 增强现实型科技旅游产品开发的条件模型及评价——以故宫博物院为例 [J]. 贵州社会科学，2019 (7)：142 – 149.

[5] 戴克清，苏振，黄润. "互联网＋" 驱动中国旅游产业创新的效率研究 [J]. 华东经济管理，2019，33 (7)：87 – 93.

[6] 戴克清，陈万明，邱雪. 虚拟社区旅游体验分享行为的影响因素研究——基于 TAM 模型改进的 PLS-SEM 测度 [J]. 数学的实践与认识，2020，50 (6)：53 – 61.

[7] 戴克清. 共享式服务创新的基因遗传、表达与成长——基于制造业纵向案例的扎根分析 [J]. 管理评论，2020，32 (10)：324 – 336.

[8] 戴克清，陈万明. 共享式服务创新的逻辑、形式与价值——制造业服务化转型视角 [J]. 软科学，2018，32 (5)：24 – 27，36.

[9] 戴克清，陈万明. 制造业服务化演进动态：从 "曲线" 到 "模块" 的策略选择 [J]. 中国科技论坛，2021 (3)：84 – 92.

[10] 戴克清，蔡瑞林. 共享式服务创新：制造企业服务化转型的突破路径 [J]. 科技进步与对策，2021，38 (11)：70 – 77.

非第一作者论文：

［1］陈万明，戴克清，王磊．旅游产业创新绩效影响因素研究——基于共享经济视角［J］．软科学，2018，32（5）：24 – 27，36.

［2］蔡瑞林，戴克清．协同创新网络下产品语义设计对产品开发绩效的影响［J］．企业经济，2019，38（11）：106 – 112.

［3］蔡瑞林，戴克清，钱敏．知识操纵行为意向影响因素研究［J/OL］．科技进步与对策，2021，38（6）：131 – 138.

［4］陈万明，徐国长，戴克清，谢嗣胜．新生代农民工就业质量评价体系［J］．江苏农业科学，2019，47（20）：311 – 315，327.

［5］徐国长，陈万明，戴克清．效果推理对制造企业服务创新的影响机制：一个被调节的双重中介模型［J/OL］．科技进步与对策，2022：1 – 9.